मैं जो हूँ,
'जॉन एलिया'
हूँ

मैं जो हूँ, 'जॉन एलिया' हूँ

जॉन एलिया

सम्पादक
डॉ. कुमार विश्वास

संकलन एवं लिप्यन्तर
शीन काफ़ निज़ाम

वाणी
प्रकाशन

प्रकाशन के उत्कृष्टतम 63 वर्ष

vaniprakashan.com

पेपरबैक पहला संस्करण : 2016
पेपरबैक दूसरा संस्करण : 2017
पेपरबैक तीसरा संस्करण : 2018
पेपरबैक चौथा संस्करण : 2020
पेपरबैक पाँचवाँ संस्करण : 2021
पेपरबैक छठा संस्करण : 2022
पेपरबैक सातवाँ संस्करण : 2022
पेपरबैक आठवाँ संस्करण : 2023
पेपरबैक नौवाँ संस्करण : 2024
पेपरबैक दसवाँ संस्करण : 2026

वाणी प्रकाशन

4695, 21-ए, दरियागंज, नयी दिल्ली-110 002

फ़ोन : + 91 11 23273167, 23275710

शाखाएँ

अशोक राजपथ, पटना-800 004, बिहार

कॉफ़ी हाउस कैम्पस, महात्मा गांधी मार्ग, प्रयागराज-211 001, उत्तर प्रदेश

महात्मा गांधी अन्तरराष्ट्रीय हिन्दी विश्वविद्यालय, वर्धा-442 001, महाराष्ट्र

sales@vaniprakashan.in
vaniprakashan@gmail.com

Main Jo Hoon, 'Jon Elia' Hoon
by Jon (Jaun) Elia

ISBN : 978-93-5072-883-3
Ghazals

मूल्य : ₹ 299

मुद्रक: थॉमसन प्रेस इंडिया प्राइवेट लिमिटेड, फरीदाबाद

वाणी प्रकाशन का लोगो मक़बूल फ़िदा हुसेन की कूची से

जॉन एलिया : एक ख़ुदरंग शायर

जॉन से राब्ता बनने का एक अजीब सा क़िस्सा है। सौभाग्यवश मैं दुनिया भर में जिन साहित्यिक रूप से महत्त्वपूर्ण महफिलों में उठता-बैठता हूँ, यक़ीनन मेरे आस-पास से जॉन के कई शे'र पहले भी गुज़रे होंगे। लेकिन जब मैंने एक मिसरे में 'न वो चाँदनी रही, न वो चाँदना रहा' सुना तो मैं वहीं ठहर गया। क्योंकि 'चाँदना' शब्द सिर्फ़ पश्चिमी उत्तर प्रदेश के एक ख़ास अंचल में इस्तेमाल होता है। बचपन में दादी के मुँह से सुनने के बाद यह शब्द इसी शे'र में सुना। पाकिस्तान के कई शायरों के बीच इस शायर के अनूठे प्रयोग ने मन में खलबली मचा दी। लगा कि जॉन को और ज़्यादा जानना चाहिए।

उनको जानने के क्रम में पहली सीढ़ी पर पता चला कि जॉन मूलतः अमरोहा के हैं। रुहेलखण्ड, मेरठ कमिश्नरी, मुज़फ़्फ़रनगर, बुलन्दशहर, सहारनपुर का जो इलाका है, उसका जो इलाक़ाई कहन है, उसको जॉन ने लगातार अपनी शायरी में ढाला है :

किसी से अहद-ओ-पैमां कर न रहियो
तू इस बस्ती में रहियो, पर न रहियो
सफ़र करना है आख़िर दो पलक बीच
सफ़र लम्बा है, बे-बिस्तर न रहियो

1957 में जब जॉन पाकिस्तान की ट्रेन ले रहे थे तो उनके कुछ दोस्त उन्हें छोड़ने आये थे। उस मौक़े पर उन्होंने हिज़रत का दर्द बयाँ किया था :

अंजुमन की उदास आँखों से आँसुओं का पयाम कह देना
मुझको पहुँचा के लौटने वालों सबको मेरा सलाम कह देना

हिजरत की बात अपनी जगह, लेकिन अगर उस समय का भेजा सलाम

आज की नयी पीढ़ी तक पहुँच रहा है तो ये उस साझी विरासत और मिट्टी के शे'र कहने की जॉन की आदत की वजह से हो रहा है। जब जॉन को और ज़्यादा जाना तो इस निष्कर्ष पर पहुँचा कि जॉन के अन्दर एक कबीर हैं। जॉन के अन्दर गंगा-जमुना के दोआबे के बीच की जो फ़क़ीरी है, जो गंगा के तट पर रहने वाले कबीर से आती है, जो सूफ़ियों की मज़ारों से उठती हुई आवाज़ों से आती है, जो हज़रत निज़ामुद्दीन औलिया की दरगाह से आती है, जो अजमेर शरीफ़ से आती है, वही फ़क़ीरी जॉन को जॉन बनाती है। मेरे ख़याल से यही वजह है कि मैंने जॉन की फ़क़ीरी पर कहा :

न किसी चाहराह मंज़िल पर, न ही ख़ुद की निगाह में होना
जॉन होना, कि औलिया-ए-लफ़्ज़ का हो, ज़िन्दगी के गुनाह में होना

इस ज़िन्दगी जीने की गुनाह को जॉन ने जितनी लज़्ज़त के साथ किया है, वो शायद कम शायरों ने किया है। जॉन ने ख़ुद कहा है कि—

है मुहब्बत हयात की लज़्ज़त, वरना कुछ लज़्ज़त-ए-हयात नहीं
है इजाज़त तो एक बात कहूँ, वो, मगर, ख़ैर, कोई बात नहीं

जॉन बहुत ही पढ़े-लिखे और बेहद ओहदेदार आदमी रहे। पाकिस्तान सरकार ने उन्हें लुगद कमेटी का चेयरमैन बनाया था। यह वही पद था जो हिन्दुस्तान में उस समय डॉ. हरिवंशराय बच्चन का था। यह इतना महत्त्वपूर्ण पद था कि राष्ट्र की आधिकारिक भाषावली इसी माध्यम से तय होनी थी। लेकिन कहीं न कहीं जॉन उस पढ़ाई-लिखाई के बन्धन से बाहर आना चाहते थे। जॉन इस बात को अस्वीकार करना चाहते हैं कि वे ये सब बातें जानते हैं। वे अपनी प्रतिभा को पारम्परिक पढ़े-लिखे शायर की छवि से बाहर रखना चाहते थे :

मैं जो हूँ जॉन एलिया हूँ जनाब
मेरा बेहद लिहाज़ कीजिएगा।

ये जो उनके कहने की ख़ुद्दारी है कि मैं एक अलग फ्रेम का कवि हूँ, यह परम्परागत शायरी में बहुत कम ही देखने को मिलती है। जैसे :

साल हा साल और इक लम्हा, कोई भी तो न इनमें बल आया
ख़ुद ही इक दर पे मैंने दस्तक दी, ख़ुद ही लड़का सा मैं निकल आया

जॉन से पहले कहन का ये तरीका नहीं देखा गया था। जॉन एक खूबसूरत जंगल हैं, जिसमें झरबेरियाँ हैं, काँटे हैं, उगती हुई बेतरतीब झाड़ियाँ हैं, खिलते हुए बनफूल हैं, बड़े-बड़े देवदारु हैं, शीशम हैं, चारों तरफ कूदते हुए हिरन हैं, कहीं शेर भी हैं, मगरमच्छ भी हैं। उनकी तुलना में आप यह कह सकते हैं कि बाक़ी सब शायर एक उपवन हैं, जिनमें सलीके से बनी हुई और करीने से सजी हुई क्यारियाँ हैं इसलिए जॉन की शायरी में प्रवेश करना ख़तरनाक भी है। लेकिन अगर आप थोड़े से एडवेंचरस हैं और आप फ्रेम से बाहर आ कर सब कुछ करना चाहते हैं तो जॉन की दुनिया आपके लिए है।

जॉन कहीं न कहीं हिन्दुस्तान की उस पुरानी उक्ति को चरितार्थ करते हैं कि :

लीक लीक तीनों चलें, कायर कूत कपूत
बिना लीक तीनों चलें, सायर सिंह सपूत

जॉन शायर भी हैं, और शेर भी हैं जो कभी-कभी दहाड़ते भी हैं। जो कहते हैं बेधड़क कहते हैं।

निज़ामत में एक बात यह होती है कि आपके पास चौंकाने के लिए क्या है। शे'र उद्धृत करने लायक बड़े शायरों की एक पूरी फेहरिश्त हम जैसे सामान्य संचालकों के पास होती है। लेकिन जब मैंने हिन्दी कवि-सम्मेलनों और उर्दू मुशायरों में निज़ामत के दौरान जॉन को पढ़ना शुरू किया तो वो चौंकाते थे।

शर्म, दहशत, झिझक, परीशानी, नाज़ से काम क्यों नहीं लेतीं
ये, मगर, वो, ये सब क्या है, तुम मेरा नाम क्यों नहीं लेतीं?

अगर कभी किसी कवयित्री ने नोक-झोंक में ये शे'र पढ़ दिया तो श्रोता चौंक उठते हैं। पूरे माहौल में एक चमक सी पैदा हो जाती है। ऐसे ही शे'रों से हिन्दी के नये युवा श्रोताओं ने जॉन को पहचानना शुरू किया। वह पीढ़ी जो फेसबुक/ट्विटर की दुनिया पर जीती है, उस तक जब मैं जॉन को लेकर गया तो मैंने महसूस किया कि जॉन सिर्फ़ किसी वर्ग-विशेष के लिए नहीं, बल्कि हर क़िस्म के श्रोता के लिए हैं। मैंने देखा कि धीरे-धीरे जॉन को डिजिटल वर्ल्ड पर ढूँढ़ने वालों की संख्या में बढ़ोतरी होने लगी। 2010 के आसपास मैंने जॉन के शे'र मंचों पर पढ़ने शुरू किए तो कम

श्रोता मिलते थे जो उन्हें जानते थे लेकिन 2013 के आते-आते महसूस हुआ कि एक बड़ा वर्ग उनसे परिचित नज़र आने लगा। इसके दो कारण थे—एक तो यूट्यूब और सोशल मीडिया का तेज़ी से फैलाव हुआ और दूसरी यह कि जॉन के शे'र ऐसे, कि जो कोई एक शे'र सुन ले, तो उनका रसिया हो जाए।

जॉन के लिए मैं अक्सर 'खुदरंग' शब्द का इस्तेमाल करता हूँ। जब मैं छोटा था तो एक शादी के सिलसिले में हम शहर गये। वहाँ पीतल के बर्तनों की ख़रीदारी होनी थी। बालहठ में मैं भी पिताजी और ताऊजी के साथ बाज़ार चला गया। हम कई दुकानों में घूम-घूम कर अच्छा पीतल ढूँढ़ रहे थे। तभी एक दुकान वाले ने कहा कि साहब, ये ले जाइए। बड़ा ही खुदरंग पीतल है, ऐसी खुदरंग पीतल आपको कहीं नहीं मिलेगी। मैंने पहली बार यह शब्द सुना। मैंने पिताजी से इसका मतलब पूछा तो उन्होंने बताया कि खुदरंग का मतलब है अपने रंग का जो किसी और के पास न हो। इसी तरह जॉन भी अपने ही रंग में ढले हुए थे। उनके मंचीय जीवन में एक झुँझलाहट सी दीखती है। अगर उनके वीडियो आप देखें तो पता नहीं क्यों ऐसा महसूस होता है कि उन्हें लगता है वह कुछ ऐसा कर रहे हैं जो करना नहीं चाहते। उन्होंने कहीं ये कहा भी है कि मुशायरे की दुनिया मुझे धीरे-धीरे ख़त्म कर रही है। इसके पीछे हो सकता है कि कुछ लोगों का अस्वीकार एक बड़ा कारण रहा हो। उनकी व्यक्तिगत ज़िन्दगी में भी बड़ी उठा-पटक थी। साथ ही वो उस समय के ज़्यादातर पाकिस्तानी साहित्यकारों की तरह पाकिस्तान के हालात से भी ज़्यादा खुश नहीं थे। जॉन के रहते हुए उनकी स्वीकार्यता आज के मुक़ाबले कम थी। लेकिन तेज़ी से सोचने वाली इस नयी पीढ़ी ने जॉन को हाथों-हाथ लिया है। अब जॉन को खूब पढ़ा जा रहा है। नये पढ़ने वाले उनकी शायरी के नये-नये पहलू निकाल रहे हैं। अंग्रेज़ी साहित्य में एक शब्द है—'रिफरेन्स फ्रेम', जिसे हिन्दी में प्रयोजनीयता कह सकते हैं। इसका मतलब है एक ही बात का अलग-अलग परिप्रेक्ष्य में अलग-अलग महत्त्व होना। यह कबीर में है। कबीर का एक-एक दोहा ऐसा है कि जीवन के अलग-अलग समय में उसके अलग-अलग मायने निकलते हैं। ऐसा ही ग़ालिब के साथ भी है :

न था कुछ तो ख़ुदा था, कुछ न होता तो ख़ुदा होता
डुबोया मुझको होने ने, न होता मैं तो क्या होता

इसको आप जब-जब पढ़ेंगे, यह आपको एक नयी परिभाषा देगी।

आप ऐसा मान कर चलें कि जॉन शायरी के चे'ग्वेरा हैं। एक पूरी जमात है नौजवानों की, ख़ास कर हिन्दुस्तान में जिन्हें चे के बारे में ज़्यादा पता नहीं है। लेकिन उनके चेहरे से, एटीट्यूड से, उनकी बेतरतीब दाढ़ी से, उनकी कैप से एक अलग तरह का क्रान्तिकारी बोध पैदा होता है। इसी वजह से उनके चाहने वाले पूरी दुनिया में हैं। इसी तरह जॉन को मैं शायरी का चे'ग्वेरा मानता हूँ जो एक स्टेटमेंट देते हुए नज़र आते हैं कि मैं जो हूँ, जैसा हूँ, वैसा हूँ। मुझे ऐसा ही स्वीकार कीजिए। उनको पता है कि मैं जॉन एलिया हूँ और जॉन एलिया होने के मानी क्या हैं। इस एटीट्यूड से जितना वो आनन्दित होते हैं, उतना उनके चाहने वाले भी होते हैं।

खुद मुझ पर उनका बहुत असर रहा है। जिस तरह से जॉन ने ज़िन्दगी जी थी, और जिस तरह से शायरी को जिया था, वो कमाल था। जिस ओहदे पर वे थे, वहाँ बैठ कर यह कहने की हिम्मत जॉन ही कर सकते हैं कि—

तेरा फ़िराक़ जाने जहाँ, ऐश था क्या मेरे लिए
यानि तेरे फ़िराक़ में खूब शराब पी गयी
उनकी गली से उठ के मैं आन पड़ा था अपने घर
इक गली की बात थी और गली-गली गयी

या फिर ये कहना कि :

तो क्या बाद-ए-बहारी जा रही है
मियाँ जी की सवारी जा रही है
है पहलू में टके की एक हसीना
तेरी फुरकत गुजारी जा रही है

ये एक अलग ही हनक का आदमी कर सकता है और वह है जॉन!

चारासाज़ों की चारासाज़ी से दर्द बदनाम तो नहीं होगा
हाँ, दवा दो, मगर ये बतला दो, मुझको आराम तो नहीं होगा

ये जो अदा है, जो कहन है और जो अन्दाज़ है वो आपको उस मुकाम पर खड़ा कर देती है जहाँ पहुँचना फिर किसी के लिए सम्भव नहीं रह जाता। स्वयं के दर्द में आनन्दित होना और फिर उसको कविता कर देना सहज नहीं होता। महादेवी वर्मा जी ने कहा था कि 'मिलन का मत नाम ले रे/मैं विरह में चिर हूँ।' अंग्रेजी भाषा की कवयित्री रोज़ेटी के बारे में मशहूर है कि वे अपनी जूतियों में छोटे-छोटे कंकड़ भर लेती थीं ताकि पीड़ा उनकी कविता में उतर सके। ऐसे ही जॉन हैं। उनको आराम से बेचैनी है। चोट, दर्द, बेचैनी, तड़प इत्यादि से भी मज़े लेने का नाम जॉन है।

मिल रही हो बड़े तपाक के साथ
मुझको यक्सर भुला चुकी हो क्या
मेरे सब तंज बेअसर हो चुके
तुम बहुत दूर जा चुकी हो क्या

जॉन आपको दो तरह से मिलते हैं। एक दर्शन में और एक प्रदर्शन में। प्रदर्शन का जॉन वह है जो आप आम तौर पर किसी भी मंच से पढ़ें तो श्रोताओं में खूब कोलाहल मचता है। दर्शन का जॉन वो है जो आप चुनिंदा मंचों पर पढ़ सकते हैं और वे शे'र वैसे होते हैं जिन्हें श्रोता अपने साथ अपने घर ले जा सकते हैं। जहाँ मजमा हो वहाँ प्रदर्शन सुनाइए और जहाँ महफ़िल हो वहाँ दर्शन सुनाइए। जैसे दर्शन का शे'र देखें :

निकल आया मैं अपने अन्दर से
अब कोई डर नहीं है बाहर से
अब जो डर है मुझे, तो इसका है
अन्दर आ जाएँगे मेरे अन्दर से

पाकिस्तान के राजनीतिक हालात हमेशा डाँवाडोल रहे हैं। लेकिन कम ही शायर इसके ख़िलाफ़ बोल पाये। लेकिन हिन्दुस्तान में एक बार इमरजेंसी के दौरान जब थोड़ी सी अस्थिरता फैली तो बाबा नागार्जुन, दुष्यन्त कुमार और धर्मवीर भारती जैसे साहित्यकारों की आवाज़ पूरे ज़ोर के साथ सुनाई पड़ी थी। हालाँकि पाकिस्तान में यह कम सम्भव था। लेकिन जॉन अपने कवि होने की स्वाधीन चेतना और अपने अभिव्यक्ति के अधिकार का इस्तेमाल

यहाँ भी करते हैं :

धर्म की बाँसुरी से राग निकले
वो सूराखों से काले नाग निकले
वो गंगाजल हो या आब-ए-ज़मज़म
ये वो पानी है जिनसे आग निकले
ख़ुदा से ले लिया जन्नत का वादा
ये ज़ाहिद तो बड़े ही घाघ निकले
है आख़िर आदमियत भी कोई शै
तेरे दरबान तो बुलडॉग निकले

बिरला होने के लिए आप में शब्दों को निभाने की न्यूनतम योग्यता होनी चाहिए, एक स्वाभिमान होना चाहिए, एक ख़ुदरंग तबीयत चाहिए और इस बात की सलाहियत चाहिए कि अपनी शायरी को आम आदमी से कैसे स्वीकार करवाना है। यही जॉन हैं। जॉन बिरले हैं।

जॉन जहाँ पहुँच गये हैं, वहाँ की ख़बर उन्हें ख़ुद भी नहीं है। वे स्वयं को कई बार फँसा हुआ महसूस करते हैं। उन्हें लगता है कि वे गलत वक़्त में पैदा हुए हैं। उन्हें इस बात का एहसास है कि वो जितनी आज़ादी से अपनी बात कहना चाह रहे हैं, वैसे कह नहीं पा रहे और यदि कह भी पा रहे हैं तो लोग उस तरह से समझ नहीं पा रहे।

महक उठा है आँगन इस ख़बर से
वो ख़ुश्बू लौट आयी है सफ़र से
मैं इस दीवार पर चढ़ तो गया था
उतारे कौन अब दीवार पर से

जैसे आप कबीर को देखें :

सुखिया सब संसार है, खावे और सोवे
दुखिया दास कबीर है, जागे और रोवे

ऐसा नहीं है कि कबीर किसी सांसारिक बात से दुखी हैं। उनका दुःख यह है कि संसार जिन कामों को उपलब्धि मान कर प्रसन्न है वह उपलब्धि नहीं है। असली उपलब्धि और असली सुख इन सबसे आगे है। लेकिन यह

बात कबीर दुनिया को प्रेषित नहीं कर पा रहे हैं। यही कबीर के फँसे होने और दुखी होने का कारण है। यही दुःख जॉन का भी है।

जॉन ने शराब पर भी काफी शायरी की है। लेकिन उनकी शायरी बहकने वाली नहीं है। उनकी शायरी कहीं उमर खय्याम या बच्चन की 'मधुशाला' के समकक्ष की शायरी है जहाँ दर्शन को जीने के लिए शराब का इशारा ले कर कविता पिरोई गयी है :

घर से हम घर तलक गये होंगे
अपने ही आप तक गये होंगे
हम जो अब आदमी हैं, पहले कभी
जाम होंगे छलक गये होंगे

अंग्रेज़ी के साहित्यकार वर्ड्सवर्थ ने कहा है कि 'पोएट्री इज़ द स्पोंटेनियस ओवरफ्लो ऑफ़ द पावरफुल फीलिंग', यानी कविता संवेदना से ज़्यादा संवेदना का छलक जाना है। जॉन ने अपनी शायरी में कभी कोई बन्धन नहीं रखा। लेकिन सम्भव है कि समय-समय पर उनके मित्र या उनके आलोचक उन्हें सलाह देते रहे होंगे। उनकी सलाह को भी जॉन ने अपने ख़ास अन्दाज़ में निभाया है :

ठीक है ख़ुद को हम बदलते हैं
शुक्रिया मशवरत का, चलते हैं
मैं उसी तरह तो बहलता हूँ
और सब जिस तरह बहलते हैं

कुल मिला कर ज़िन्दगी के हर उतार-चढ़ाव को न सिर्फ़ शायरी में ढालना, बल्कि उसको एन्जॉय करना और श्रोताओं-पाठकों से एन्जॉय करवाना–ये जॉन होते हैं।

तो जॉन को पढ़ें, जॉन को जिएँ और एक बिल्कुल नयी दुनिया में विचरण कर के आएँ। यक़ीनन जब आप बाहर आएँगे तो जॉन आपकी सोच का स्थायी हिस्सा हो चुके होंगे।

–कुमार विश्वास

अनुक्रम

बहुत दिल को कुशादा[1] कर लिया क्या
ज़माने भर से वादा कर लिया क्या

तो क्या सचमुच जुदाई मुझ से कर ली
तो ख़ुद अपने को आधा कर लिया क्या

हुनरमंदी से अपनी दिल का सफ़्हा[2]
मिरी जां, तुम ने सादा कर लिया क्या

जो यक सर जान है, उस के बदन से
कहो कुछ इस्तिफ़ादा[3] कर लिया क्या

बहुत कतरा रहे हो मुग़बचों[4] से
गुनाहे-तर्के-बादा[5] कर लिया क्या

यहाँ के लोग कब के जा चुके हैं
सफ़र जादा-ब-जादा[6] कर लिया क्या

उठाया इक क़दम तूने न उस तक
बहुत अपने को मांदा कर लिया क्या

---

1. विस्तृत, 2. पृष्ठ, 3.लाभान्वित, 4. शराब की सेवा करने वाले बच्चे 5. शराब छोड़ने का गुनाह 6. रास्ते-रास्ते।

तुम अपनी कजकुलाही[1] हार बैठीं?
बदन को बे लबादा कर लिया क्या

बहुत नज़दीक आती जा रही हो
बिछड़ने का इरादा कर लिया क्या

1. तिरछी टोपी, मान-अभिमान।

बेक़रारी-सी बेक़रारी है
वस्ल[1] है और फ़िराक़[2] तारी है

जो गुज़ारी न जा सकी हम से
हम ने वो ज़िन्दगी गुज़ारी है

निघरे क्या हुए कि लोगों पर
अपना साया भी अब तो भारी है

बिन तुम्हारे कभी नहीं आयी
क्या मिरी नींद भी तुम्हारी है

आप में कैसे आऊँ मैं तुझ बिन
साँस जो चल रही है, आरी है

उस से कहियो कि दिल की गलियों में
रात-दिन तेरी इन्तज़ारी है

हिज्र[3] हो या विसाल[4]....कुछ हो
हम हैं और उस की यादगारी है

इक महक सम्ते-दिल[5] से आयी थी
मैं ये समझा तिरी सवारी है

---

1. मिलन, 2. वियोग, 3. जुदाई, 4. मिलाप, 5. दिल की तरफ़ से।

हादसों[1] का हिसाब है अपना
वरना हर आन सब की बारी है

ख़ुश रहे तू कि ज़िन्दगी अपनी
उम्र भर की उमीदवारी है

1. दुर्घटनाओं ।

कैसा दिल और उस के क्या ग़म जी
यूँ ही बातें बनाते हैं हम जी

क्या भला आस्तीन और दामन
कब से पलकें भी अब नहीं नम जी

उस से अब कोई बात क्या करना
ख़ुद से भी बात कीजे कम-कम जी

दिल जो दिल क्या था एक महफ़िल था
अब है दरहम[1] जी और बरहम[2] जी

बात बेतौर हो गयी शायद
ज़ख़्म भी अब नहीं है महरम जी

हार दुनिया से मान लें शायद
दिल हमारे में अब नहीं दम जी

आप से दिल की बात कैसे कहूँ
आप ही तो हैं दिल के महरम[3] जी

---

1. बिखरा हुआ, 2. नाराज़, क्रोधित, 3. परिचित,

है ये हसरत कि ज़िब्ह[1] हो जाऊँ
है शिकन उस शिकम की ज़ालम[2] जी

कैसे आख़िर न रंग खेलें हम
दिल लहू हो रहा है जानम जी

है ख़राबा,[3] हुसैनिया[4] अपना
रोज़ मज्लिस[5] है और मातम[6] जी

वक़्त दम भर का खेल है इस में
बेश-अज़-बेश[7] है कम-अज़-कम जी

है अज़ल[8] से अबद[9] तलक का हिसाब
और बस एक पल है पैहम[10] जी

बेशिकन हो गयी हैं वो ज़ुल्फ़ें
उस गली में नहीं रहे ख़म[11] जी

दश्ते-दिल[12] का ग़ज़ाल ही न रहा
अब भला किस से कीजिए रम[13] जी

---

1. वधित, 2. सही शब्द ज़ालिम है लेकिन यहाँ भावातिरेक में भाषा के साथ खेलते हुए 'ज़ालम' लिखा है। एक अनौपचारिक अभिव्यक्ति है, 3. शत्रु शासक देश, 4. हज़रत हुसैन से सम्बन्धित, 5. वह जलसा जिसमें कर्बला के शहीदों की चर्चा या शोक हो, 6. शोक, 7. अधिक से अधिक, 8. आदिकाल, 9. अन्तिम दिन, 10. निरन्तर, 11. पेज़, 12. हिल रुपी जंगल, 13. भागना।

वही हिसाबे-तमन्ना[1] है अब भी आ जाओ
वही है सर वही सौदा[2] है, अब भी आ जाओ

जिसे गये हुए ख़ुद से अब इक ज़माना हुआ
वो अब भी तुम में खटकता है, अब भी आ जाओ

वो दिल से हार गया है पर अपनी दानिश[3] में
वो शख़्स अब भी यगाना[4] है, अब भी आ जाओ

मैं ख़ुद नहीं हूँ कोई और है मिरे अन्दर
जो तुम को अब भी तरसता है, अब भी आ जाओ

मैं याँ से जाने ही वाला हूँ अब मगर अब तक
वही है घर वही हुजरा[5] है, अब भी आ जाओ

वही कशाकशे-अहसास[6] है ब हर लम्हा
वही है दिल, वही दुनिया है, अब भी आ जाओ

तुम्हें था नाज़ बहुत जिस की नामदारी का
वो सारे शहर में रुस्वा है, अब भी आ जाओ

यहाँ से साथ ही ख़्वाबों के शह्र जायेंगे
वही जुनूं, वही सह्रा[7] है, अब भी आ जाओ

1. आकांक्षाओं की गणना, 2. उन्माद, 3. विवेक, 4. अद्वितीय, 5. कोठरी, 6. संवेदना जनित असमंजस, 7. जंगल।

मिरी शराब का शुहरा[1] है अब ज़माने में
सो ये करम है तो किस का है, अब भी आ जाओ

ये तौर ! जान जो है मेरी बद शराबी का
मुझे भला नहीं लगता है, अब भी आ जाओ

किसी से कोई भी शिकवा नहीं मगर तुम से
अभी तलक मुझे शिकवा है, अब भी आ जाओ

वो दिल कि अब है लहू थूकना हुनर जिस का
वो कम से कम अभी ज़िन्दा है, अब भी आ जाओ

न जाने क्या है कि अब तक मिरा ख़ुद अपने से
वही जो था वही रिश्ता है, अब भी आ जाओ

वजूद एक तमाशा था हम जो देखते थे
वो अब भी एक तमाशा है, अब भी आ जाओ

अभी सदा-ए-जरस[2] का हुआ आग़ाज़[3]
ग़ुबार अभी नहीं उट्ठा है, अब भी आ जाओ

है मेरे दिल की गुज़ारिश कि मुझ को मत छोड़ो
ये मेरी जां का तक़ाज़ा है, अब भी आ जाओ

कभी जो हम ने बड़े मान से बसाया था
वो घर उजड़ने ही वाला है, अब भी आ जाओ

वो 'जॉन' कौन है, जाने जो कुछ नहीं सुनता
है जाने कौन जो कहता है, अब भी आ जाओ

---

1. प्रसिद्धि, 2. यात्रियों के साथ चलने वाले जानवर के गले की घंटे की आवाज़, 3. प्रारम्भ।

اُوپر سے اُتر کے تازہ دَم تھا
نیچے سے اُتر کے تھک گیا ہوں

جون ایلیا

कोई नहीं यहाँ ख़मोश, कोई पुकारता नहीं
शह्‌र में एक शोर है और कोई सदा[1] नहीं

आज वो पढ़ लिया गया जिस को पढ़ा न जा सका
आज किसी किताब में, कुछ भी लिखा हुआ नहीं

अपने सभी गिले बजा, पर है यही कि दिलरुबा
मेरा तिरा मुआमला[2] इश्क़ के बस का था नहीं

ख़र्च चलेगा अब मिरा किस के हिसाब में भला
सब के लिये बहुत हूँ मैं, अपने लिये ज़रा नहीं

जाइये ख़ुद में रायगां[3] और वो यूँ कि दोस्तां
ज़ात का कोई माजरा, शह्‌र का माजरा नहीं

सीना-ब-सीना लब-ब-लब एक फ़िराक़ है कि है
एक फ़िराक़ है कि है, एक फ़िराक़ क्या नहीं

अपना शुमार कीजियो ऐ मिरी जान ! तू कभी
मैंने भी अपने आप को आज तलक गिना नहीं

तू वो बदन है जिस में जान, आज लगा है जी मिरा
जी तो कहीं लगा तिरा, सुन, तिरा जी लगा नहीं

---

1. आवाज़, ध्वनि, 2. सम्बन्ध, 3. व्यर्थ।

नाम ही नाम चारसू,[1] एक हुजूम रू-ब-रू[2]
कोई तो हो मिरे सिवा, कोई मिरे सिवा नहीं

अपनी जबीं[3] पे मैंने आज दीं कई बार दस्तकें
कोई पता भी है तिरा, मेरा कोई पता नहीं

---

1. चारों तरफ़, 2. सन्मुख, 3. ललाट।

नया इक रिश्ता पैदा क्यूँ करें हम
बिछड़ना है तो झगड़ा क्यूँ करें हम

ख़मोशी से अदा हो रस्मे-दूरी
कोई हंगामा बरपा क्यूँ करें हम

ये काफ़ी है कि हम दुश्मन नहीं है
वफ़ादारी का दावा क्यूँ करें हम

वफ़ा, इख़्लास,[1] क़ुर्बानी, मुहब्बत
अब इन लफ़्ज़ों का पीछा क्यूँ करें हम

सुना दें इस्मते-मरियम[2] का क़िस्सा ?
पर अब इस बाब[3] को वा[4] क्यूँ करें हम

ज़ुलेख़ा-ए-अज़ीज़ां[5] बात ये है
भला घाटे का सौदा क्यूँ करें हम

हमारी ही तमन्ना क्यूँ करो तुम
तुम्हारी ही तमन्ना क्यूँ करें हम

---

1. निश्छलता, 2. मरियम-ईसा मसीह की माँ का सतीत्व, 3. पृष्ठ, 4. खोलना, 5. जुलेख़ा–मिस्त्र की रानी जो पैग़म्बर युसुफ़ पर मुग्ध हो गयी थी इसके पति का नाम अज़ीज़ था।

किया था अहद जब लम्हों में हम ने
तो सारी उम्र ईफ़ा[1] क्यूँ करें हम

उठा कर क्यूँ न फेंकें सारी चीज़ें
फ़क़त कमरों में टहला क्यूँ करें हम

जो इक नस्ले-फ़िरोमाया[2] को पहुंचे
वो सरमाया[3] इकट्ठा क्यूँ करें हम

नहीं दुनिया को जब परवा हमारी
तो फिर दुनिया की परवा क्यूँ करें हम

बरहना[4] हैं सरे-बाज़ार तो क्या
भला अन्धों से पर्दा क्यूँ करें हम

हैं बाशिंदे इसी बस्ती के हम भी
सो ख़ुद पर भी भरोसा क्यूँ करें हम

चबा लें क्यूँ न ख़ुद ही अपना ढांचा
तुम्हें रातिब[5] मुहैया क्यूँ करें हम

पड़ी रहने दो इंसानों की लाशें
ज़मीं का बोझ हल्का क्यूँ करें हम

ये बस्ती है मुसलमानों की बस्ती
यहाँ कारे-मसीहा[6] क्यूँ करें हम

---

1. प्रतिज्ञा-पालन। 2. अकुलीन वंश, 3. पूँजी, 4. नग्न, 5. प्रतिदीन का भोजन, 6. मसीहा का कार्य–मुर्दों को जीवित करने का काम ईसा मसीह का है।

किसी से अहदो-पैमां[1] कर न रहियो
तू इस बस्ती में रहियो पर न रहियो

सफ़र करना है आख़िर दो पलक बीच
सफ़र लम्बा है बे बिस्तर न रहियो

हरिक हालत के बैरी हैं ये लम्हे
किसी ग़म के भरोसे पर न रहियो

सहूलत से गुज़र जाओ मिरी जां
कहीं जीने की ख़ातिर मर न रहियो

हमारा उम्र भर का साथ ठैरा*
सो मेरे साथ तो दिन भर न रहियो

बहुत दुश्वार हो जाएगा जीना
यहाँ तू ज़ात के अन्दर न रहियो

सवेरे ही से घर आ जाइयो आज
है रोज़े-वाक़िआ[2] बाहर न रहियो

---

1. प्रेम प्रतिज्ञा, 2. घटना का दिन।
* उर्दू कविता में ठहरा के अर्थों में ठैरा भी लिखा जाता है।

कहीं छिप जाओ तहख़ानों में जा कर
शबे-फ़ित्ना[1] है अपने घर न रहियो

नज़र पर बार[2] हो जाते हैं मंज़र
जहाँ रहियो वहाँ अक्सर न रहियो

1. उपद्रव की रात, 2. बोझ।

है बिखरने को ये महफ़िले-रंगो-बू,[1]
तुम कहाँ जाओगे, हम कहाँ जाएँगे
हर तरफ़ हो रही है यही गुफ़्तगू,[2]
तुम कहाँ जाओगे, हम कहाँ जाएँगे

हर मता-ए-नफ़स[3] नज़्रे-आहंग[4] की,
हम को यारां हवस थी बहुत रंग की
गुलजमीं से उबलने को है अब लहू,
तुम कहाँ जाओगे, हम कहाँ जाएँगे

अव्वले-शब[5] का महताब[6] भी जा चुका
सह्ने-मैख़ाना[7] से अब उफ़क़[8] में कहीं
आख़िरे-शब[9] है, ख़ाली है जामो-
सबू, तुम कहाँ जाओगे, हम कहाँ जाएँगे

कोई हासिल न था आरज़ू का मगर,
सानिहा[10] ये है अब आरज़ू भी नहीं
वक़्त की इस मसाफ़त[11] में बेआरज़ू,[12]
तुम कहाँ जाओगे, हम कहाँ जाएँगे

---

1. आनन्द की सभा, 2. बात, 3. साँसों की पूँजी, 4. ध्वनि को भेंट, 5. प्रथम प्रहर, 6.- चाँद, 7. मधुशाला का आँगन, 8. क्षितिज, 9. अन्तिम प्रहर, 10. दुर्घटना, 11. यात्रा, 12. आकांक्षा रहित।

किस क़दर दूर से लौट कर आये
हैं, यूँ कहो उम्र बर्बाद कर आये हैं
था सराब[1] अपना सरमाया-ए-जुस्तजू,[2]
तुम कहाँ जाओगे, हम कहाँ जाएँगे

इक जुनूं[3] था कि आबाद हो शहरे-
जां,[4] और आबाद जब शहरे-जां हो गया
हैं ये सरगोशियाँ दर-ब-दर[5] कू-ब-
कू,[6] तुम कहाँ जाओगे, हम कहाँ जाएँगे

दश्त[7] में रक़्से-शौक़े-बहार[8] अब कहाँ,
बाद पैमाई[9] दीवानावार अब कहाँ
बस गुज़रने को है मौसमे-हा-ओ-हू,[10]
तुम कहाँ जाओगे, हम कहाँ जाएँगे

हम हैं रुस्वाकने-दिल्ली-ओ-लखनऊ,[11]
अपनी क्या ज़िन्दगी अपनी क्या आबरू
'मीर' दिल्ली से निकले, गये लखनऊ,
तुम कहाँ जाओगे, हम कहाँ जाएँगे

---

1. मृगतृष्णा, 2. तलाश की पूँजी, 3. उन्माद, 4. जान का नगर, 5. द्वार-द्वार, 6. गली-गली 7. जंगल, 8. बसन्त का नृत्य देखने की रुचि, 9. जंगल की पदयात्रा, 10. शोर-शराबे का मौसम, 11. दिल्ली और लखनऊ में बदनाम।

हम तो जैसे वहाँ के थे ही नहीं
बेअमां[1] थे अमां[2] के थे ही नहीं

हम कि हैं तेरी दास्तां यकसर[3]
हम तिरी दास्तां के थे ही नहीं

उन को आँधी में ही बिखरना था
बालो-पर आशियाँ के थे ही नहीं

अब हमारा मकान किस का है
हम तो अपने मकां के थे ही नहीं

हो तिरी ख़ाके-आस्तां[4] पे सलाम
हम तिरे आस्तां के थे ही नहीं

हम ने रंजिश में ये नहीं सोचा
कुछ सुख़न[5] तो ज़बां के थे ही नहीं

दिल ने डाला था दर्मियां जिन को
लोग वो दर्मियां के थे ही नहीं

उस गली ने ये सुन के सब्र किया
जाने वाले यहाँ के थे ही नहीं

---

1. असुरक्षित, 2. सुरक्षा-सुरक्षा में, 3. नितान्त, 4. ड्योढ़ी की धूल, 5. बात, शब्द।

तू अगर आइयो तो जाइयो मत
और अगर जाइयो तो आइयो मत

पासे-हालात[1] है ज़रूर सो तू
मुस्कुराओ तो मुस्कुराइयो मत

इक क़यामत[2] अज़ाब[3] है ये ज़मीं
तू इसे आस्मां पे ढाइयो मत

जा रहे हो तो जाओ लेकिन अब
याद अपनी मुझे दिलाइयो मत

दिल है ख्वाबे-ज़मर्रुदैने-ख़याल[4]
तू इसे अब कभी जगाइयो मत

है मिरा ये तिरा पियाला-ए-नाफ़[5]
इस से तू ग़ैर को पिलाइयो मत

गोशागीरे - ग़ुबारे - दश्ते - उमीद[6]
तू कभी अपना घर बसाइयो मत

---

1. स्थितियों का लिहाज, बन्धन, 2. प्रलय, 3. कष्ट, 4. हरियाले सपनों का विचार, 5. नाभि-रुपी प्याला, 6. आशारुपी ग़ुबार के साथ।

मेरी तो ख़ुद तुझी से दूरी है
सो, मुझे तू गले लगाइयो मत

शबे-ज़ुल्मानी-ए-सह्र नापैद[1]
मुख़्तसर दास्तां[2] सुनाइयो मत

ये लहू थूकना है इक पेशा
कोई पेशावरी दिखाइयो मत

क्या भला जुज़[3] ख़याल हैं हम-तुम
मुझ से अपने को तू छुड़ाइयो मत

जाविदानी[4] है बात लम्हे की
तू मुझे रोज़-रोज़ भाइयो मत

दीने-दिल[5] में जिहाद[6] है मम्नूअ[7]
तू यूँ ही अपना सर कटाइयो मत

हैं ये लम्हात, जाविदां जानी
अपनी बेचैनियाँ दबाइयो मत

शौक़ का इक बजार हूँ मैं तो
तुम कभी भी मुझे सधाइयो मत

---

1. अँधेरी रात और सुब्ह की कहीं पता नहीं, 2. संक्षेप, 3. सिवाय, 4. अमर, 5. दिल के धर्म में, 6. धर्म-युद्ध, 7. वर्जित।

बददिली[1] में बेक़रारी को क़रार आया तो क्या
पा पियादा[2] हो के कोई शहसवार[3] आया तो क्या

ज़िन्दगी की धूप में मुर्झा गया मेरा शबाब
अब बहार आयी तो क्या, अब्रे-बहार[4] आया तो क्या

मेरे तेवर बुझ गये, मेरी निगाहें जल गयीं
अब कोई आईनारू[5] आईनादार[6] आया तो क्या

अब कि जब जानाना तुम को है सभी पर एतबार
अब तुम्हें जानाना मुझ पर एतबार आया तो क्या

अब मुझे ख़ुद अपनी बाँहों पर नहीं है इख़्तियार
हाथ फैलाये कोई बेइख़्तियार आया तो क्या

वो तो अब भी ख़्वाब है, बेदार[7] बीनाई[8] का ख़्वाब
ज़िन्दगी मैं ख़्वाब में उस के गुज़ार आया तो क्या

हम यहाँ बेगाना हैं, सो हम में से 'जॉन एलिया'
कोई जीत आया यहाँ और कोई हार आया तो क्या

---

1. मलिनता, उदासी, 2. पैदल, 3. चतुर घुड़सवार, 4. बसन्त का बादल, 5. चमकता हुआ चेहरा, प्रेयसी, 6. श्रृंगार कराने वाला, 7. जाग्रत, 8. दृष्टि।

हम आँधियों के बन में किसी कारवाँ के थे
जाने कहाँ से आये थे, जाने कहाँ के थे

ऐ जाने-दास्तां![1] तुझे आया कभी ख़याल
वो लोग क्या हुए जो तिरी दास्तां के थे

हम तेरे आस्तां[2] पे ये कहने को आये हैं
वो ख़ाक हो गये जो तिरे आस्तां के थे

मिल कर तपाक से न हमें कीजिये उदास
ख़ातिर न कीजिये कभी हम भी यहाँ के थे

क्या पूछते हो नामो-निशाने-मुसाफ़िरां
हिन्दोस्तां में आये हैं, हिन्दोस्तां के थे

अब ख़ाक उड़ रही है यहाँ इन्तज़ार की
ऐ दिल! ये बामो-दर[3] किसी जाने-जहां[4] के थे

हम किस को दें भला दरो-दीवार का हिसाब
ये हम जो हैं, ज़मीं के न थे आस्मां के थे

---

1. दास्तान की आत्मा, 2. चौखट, 3. छत और दरवाज़ा, 4. प्रेयसी, सुन्दरी।

हम से छिना है नाफ़ पियाला तिरा मियाँ
गोया अज़ल[1] से हम सफ़े-लब तिश्नगां[2] के थे

हम को हक़ीक़तों ने किया है ख़राबो-ख़्वार[3]
हम ख़्वाबे-ख़्वाब और गुमाने-गुमां के थे

सद याद-याद जॉन वो हंगामे-दिल कि जब
हम एक गाम के न थे, पर हफ़्तख़्वां[4] के थे

वो रिश्ता हाय ज़ात[5] जो बर्बाद हो गये
मेरे गुमां[6] के थे कि तुम्हारे गुमां के थे

---

1. अनादिकाल, 2. प्यासों की पंक्ति, 3. ख़राब और बदनाम, 4. अत्यन्त कठिन कार्य, 5. अस्तित्व के सम्बन्ध में, 6. भ्रम।

सारी दुनिया के ग़म हमारे हैं
और सितम ये कि हम तुम्हारे हैं

दिले-बर्बाद ये ख़याल रहे
उसने गेसू नहीं सँवारे हैं

उन रफ़ीक़ों[1] से शर्म आती है
जो मिरा साथ दे के हारे हैं

और तो हम ने क्या किया अब तक
ये किया है कि दिन गुज़ारे हैं

उस गली से जो हो के आये हों
अब तो वो राहरौ[2] भी प्यारे हैं

'जॉन' हम ज़िन्दगी की राहों में
अपनी तन्हारवी[3] के मारे हैं

---

1. मित्रों, 2. पथिकों, 3. अकेला चलना।

नयी ख़्वाहिश[1] रचाई जा रही है
तिरी फ़ुर्क़त[2] मनाई जा रही है

निभाई थी न हम ने जाने किस से
कि अब सब से निभाई जा रही है

हमारे दिल-मुहल्ले की गली से
हमारी लाश लाई जा रही है

कहाँ लज़्ज़त[3] वो सोज़े-जुस्तजू[4] की
यहाँ हर चीज़ पाई जा रही है

ख़ुशा[5] अहवाल[6] अपनी ज़िन्दगी का
सलीक़े[7] से गँवाई जा रही है

दरीचे[8] से था अपने बैर हम को
सो ख़ुद दीमक लगाई जा रही है

जुदाई मौसमों की धूप सुनियो
मिरी क्यारी जलाई जा रही है

---

1. इच्छा, 2. जुदाई, 3. आनन्द, 4. तलाश की जलन, 5. वाह-वाह, 6. हाल का बहुवचन, वृत्तान्त, 7. शिष्टता, 8. झरोखा।

मिरी जां अब ये सूरत है कि मुझ से
तिरी आदत छुड़ाई जा रही है

मैं पैहम[1] हार के ये सोचता हूँ
वो क्या शै[2] है जो हारी जा रही है

1. निरन्तर, 2. वस्तु।

धरम की बाँसुरी से राग निकले
वो सूराख़ों से काले नाग निकले

रखो दैरो-हरम[1] को अब मुक़फ़्फ़ल[2]
कई पागल यहाँ से भाग निकले

वो गंगा जल हो या हो आबे-ज़मज़म[3]
ये वो पानी हैं जिन से आग निकले

ख़ुदा से ले लिया जन्नत का वादा
ये ज़ाहिद[4] तो बड़े ही घाघ निकले

है आख़िर आदमियत भी कोई शै
तिरे दरबान तो बुलडाग निकले

ये क्या अन्दाज़ है ऐ नुक्ताचीनो![5]
कोई तन्क़ीद[6] तो बेलाग निकले

पिलाया था हमें अमृत किसी ने
मगर मुँह से लहू के झाग निकले

---

1. मन्दिर और मस्जिद, 2. तालाबन्द, 3. मक्के के पवित्र कुएँ का पानी, 4. संयमी, 5. छिद्रान्वेषी, 6. आलोचना।

दिल जो दीवाना नहीं आख़िर को दीवाना भी था
भूलने पर उस को जब आया तो पहचाना भी था

जानिया किस शौक़ में रिश्ते बिछड़ कर रह गये
काम तो कोई नहीं था पर हमें जाना भी था

अजनबी-सा एक मौसम एक बेमौसम-सी शाम
जब उसे आना नहीं था जब उसे आना भी था

जानिये क्यूँ दिल की वहशत[1] दर्मियां में आ गयी
बस यूँ ही हम को बहकना भी था बहकाना भी था

इक महकता-सा वो लम्हा था कि जैसे इक ख़याल
इक ज़माने तक उसी लम्हे को तड़पाना भी था

---

1. पागलपन।

काम की बात मैंने की ही नहीं
ये मिरा तौरे-ज़िन्दगी[1] ही नहीं

ऐ उम्मीद[2]! ऐ उम्मीदे-नौमीदां[3]!
मुझ से मय्यत तिरी उठी ही नहीं

मैं जो था उस गली का मस्त ख़िराम[4]
उस गली में मिरी चली नहीं

ये सुना है कि मेरे कूच के बाद
उस की ख़ुशबू कहीं बसी ही नहीं

थी जो इक फ़ाख़्ता उदास-उदास
सुब्ह वो शाख़ से उड़ी ही नहीं

मुझ में अब मेरा जी नहीं लगता
और सितम ये कि मेरा जी ही नहीं

वो जो रहती थी दिल मुहल्ले में
फिर वो लड़की मुझे मिली ही नहीं

---

1. जीने का ढंग, 2. आशा, 3. निराशा-सी आशा, 4. नर्म गति से चलना।

जाइये और ख़ाक उड़ाइये आप
अब वो घर क्या कि वो गली ही नहीं

हाय वो शौक़ जो नहीं था कभी
हाय वो ज़िन्दगी जो थी ही नहीं

कभी-कभी तो बहुत याद आने लगते हो
कि रूठते हो कभी और मनाने लगते हो

गिला तो ये है तुम आते नहीं कभी लेकिन
जब आते भी हो तो फ़ौरन ही जाने लगते हो

ये बात 'जॉन' तुम्हारी मज़ाक़ है कि नहीं
कि जो भी हो उसे तुम आज़माने लगते हो

तुम्हारी शाइरी क्या है भला, भला क्या है
तुम अपने दिल की उदासी को गाने लगते हो

सुना है कहकशानों[1] में रोज़ो-शब ही नहीं
तो फिर तुम अपनी ज़ुबां क्यूँ जलाने लगते हो

1. आकाशगंगाओं।

ख़ुद से हम इक नफ़स[1] हिले भी कहाँ
उस को ढूँढ़ें तो वो मिले भी कहाँ

ग़म न होता जो खिल के मुर्झाते
ग़म तो ये है कि हम खिले भी कहाँ

ख़ुश हो सीने की इन ख़राशों[2] पर
फिर तनफ़्फ़ुस[3] के ये सिले[4] भी कहाँ

आगही[5] ने किया हो चाक जिसे
वो गिरेबां भला सिले भी कहाँ

अब ताम्मुल[6] न कर दिले-ख़ुदकाम[7]
रूठ ले, फिर ये सिल्सिले भी कहाँ

ख़ेमा-ख़ेमा गुज़ार ले ये शब
बामदादां[8] ये क़ाफ़िले भी कहाँ

आओ, आपस में कुछ गिले कर लें
वरना यूँ है कि फिर गिले भी कहाँ

---

1. साँस, 2. रगड़, 3. साँसों का आना-जाना, 4. इनाम, प्रतिफल, 5. विवेक, 6. असमंजस, विलम्ब, 7. स्वच्छन्द, 8. सवेरा।

उठ समाधि से ध्यान की, उठ चल
इस गली से गुमान[1] की, उठ चल

मांगते हों जहाँ लहू भी उधार
तूने वाँ क्यूँ दुकान की, उठ चल

बैठ मत एक आस्तां[2] पे अभी
उम्र है ये उठान की, उठ चल

किसी बस्ती का हो न पाबस्ता[3]
सैर कर इस जहान की, उठ चल

दिल है जिस ग़म हमेशगी[4] का असीर[5]
है वो बस एक आन की, उठ चल

जिस्म में पाँव हैं अभी मौजूद
जंग करना है जान की, उठ चल

तू है बेहाल और यहाँ साज़िश
है किसी इम्तिहान की, उठ चल

---

1. भ्रम, 2. ड्योढ़ी, 3. बँधा हुआ, 4. नित्यता, 5. बन्दी।

हैं मुदारों[1] में अपने सय्यारे[2]
ये घड़ी है अमान[3] की, उठ चल

क्या है परदेस को जो देस कहा
थी वो लुकनत[4] ज़बान की, उठ चल

हर किनारा ख़िरामे-मौज[5] तुझे
याद करती है बान की, उठ चल

1. चक्कर 2. सितारे, ग्रह, 3. शान्ति, 4. हकलाहट, 5. लहराती हुई चाल।

ये पैहम[1] तल्ख़कामी[2]-सी रही क्या
मुहब्बत ज़हर खा कर आयी थी क्या

मुझे अब तुम से डर लगने लगा है
तुम्हें मुझ से मुहब्बत हो गयी क्या

शिकस्ते-एतमादे-ज़ात[3] के वक़्त
क़यामत आ रही थी, आ गयी क्या

मुझे शिकवा नहीं बस पूछना है
ये तुम हँसती हो अपनी ही हँसी क्या

हमें शिकवा नहीं इक-दूसरे से
मनाना चाहिए इस पर ख़ुशी क्या

पड़े हैं एक गोशे[4] में गुमां[5] के
भला हम क्या, हमारी ज़िन्दगी क्या

मैं रुख़्सत हो रहा हूँ, पर तुम्हारी
उदासी हो गयी है मुल्तवी[6] क्या

---

1. निरन्तर 2. अपूर्ण मनोरथ, 3. अपना भरोसा टूटना, 4. कोने में, 5. भ्रम, 6. स्थगित।

मैं अब हर शख़्स से उकता चुका हूँ
फ़क़त कुछ दोस्त हैं, और दोस्त भी क्या

मुहब्बत में हमें पासे-अना[1] था
बदन की इश्तिहा[2] सादिक़[3] न थी क्या

नहीं रिश्ता समूचा ज़िन्दगी से
न जाने हम में है अपनी कमी क्या

अभी होने की बातें हैं, सो कर लो
अभी तो कुछ नहीं होना, अभी क्या

यही पूछा किया मैं आज दिन भर
हर इक इन्सान को रोटी मिली क्या

1. अहं का शील संकोच, 2. क्षुधा, इच्छा, 3. सच्ची।

मुझ को आप अपना आप दीजियेगा
और कुछ भी न मुझ से लीजियेगा

आप बेमिस्ल,[1] बेमिसाल[2] हूँ मैं
मुझ सिवा[3] आप किस से रीझियेगा

आप जो हैं अज़ल[4] से ही बेनाम
नाम मेरा कभी तो लीजियेगा

आप बस मुझ में ही तो हैं,सो आप
मेरा बेहद ख़याल कीजिये......गा

है अगर वाक़ई शराब हराम[5]
आप होंठों से मेरे पीजियेगा

इन्तज़ारी हूँ अपना मैं दिन-रात
अब मुझे आप भेज दीजियेगा

आप मुझ को बहुत पसन्द आयीं
आप मेरी क़मीस सीजियेगा

---

1. अनुपम 2. अतुल्य, 3. अतिरिक्त, 4. अनादि काल, 5. वर्जित।

दिल के रिश्ते हैं 'जॉन' झूठ कि सच
ये मुअम्मा[1] कभी न बूझियेगा

है मिरे जिस्मो-जां का माज़ी[2] क्या
मुझ से बस ये कभी न पूछियेगा

मुझ से मेरी कमाई का सरे-शाम
पाई-पाई हिसाब लीजियेगा

ज़िन्दगी क्या है इक हुनर करना
सो, क़रीने[3] से ज़हर पीजियेगा

मैं जो हूँ, 'जॉन एलिया' हूँ जनाब
इस का बेहद लिहाज़ कीजियेगा

1. पहेली, 2.अतीत, 3. शिष्टता।

तुझ से गिले करूँ तुझे जानां मनाऊँ मैं
इक बार अपने आप में आऊँ तो आऊँ मैं

दिल से सितम की बेसरोकरी हवा को है
वो गर्द उड़ रही है कि ख़ुद को गँवाऊँ मैं

वो नाम हूँ कि जिस पे निदामत[1] भी अब नहीं
वो काम हैं कि अपनी जुदाई कमाऊं मैं

क्यूँ कर हो अपने ख़्वाब की आँखों में वापसी
किस तौर अपने दिल के ज़मानों में आऊँ मैं

इक रंग-सी कमान हो ख़ुशबू-सा एक तीर
मरहम-सी वारदात हो और ज़ख़्म खाऊँ मैं

शिकवा-सा इक दरीचा हो नश्शा-सा इक सुकूत[2]
हो शाम इक शराब-सी और लड़खड़ाऊं मैं

फिर उस गली से अपना गुज़र चाहता है दिल
अब उस गली को कौन-सी बस्ती से लाऊँ मैं

1. लज्जा, 2. निस्तब्धता।

हम कहाँ और तुम कहाँ जानां
हैं कई हिज्र[1] दर्मियां जानां

रायगां[2] वस्ल[3] में भी वक़्त हुआ
पर हुआ ख़ूब रायगां जानां

मेरे अन्दर ही तू कहीं गुम है
किस से पूछूँ तिरा निशां जानां

आलमे-बेकराने-रंग[4] है तू
तुझ में ठैरूँ कहाँ-कहाँ जानां

मैं हवाओं से कैसे पेश आऊँ
यही मौसम है क्या वहाँ जानां ?

रोशनी भर गयी निगाहों में
हो गये ख़्वाब बेअमां जानां

अब भी झीलों में अक्स पड़ते हैं
अब भी नीला है आस्मां जानां

है जो पुर ख़ूं[5] तुम्हारा अक्से-ख़याल
ज़ख़्म आये कहाँ-कहाँ जानां

1. विरह, 2. व्यर्थ, 3. मिलन, 4. रंगों का अद्भुत संसार, 5. रक्तरंजित।

एक ही मुज़्दा[1] सुब्ह लाती है
धूप आँगन में फैल जाती है

रंग मौसम है और बादे-सबा[2]
शह्र-कूचों में ख़ाक उड़ाती है

फ़र्श पर काग़ज़ उड़ते फिरते हैं
मेज़ पर गर्द जमती जाती है

सोचता हूँ कि उस की याद आख़िर
अब किसे रात भर जगाती है

सो गये पेड़ जाग उठी ख़ुशबू
ज़िन्दगी ख़्वाब क्यूँ दिखाती है

उस सरापा[3] वफ़ा की फ़ुर्क़त[4] में
ख़्वाहिशे-ग़ैर[5] क्यूँ सताती है

आप अपने से हमसुख़न[6] रहना
हमनशीं ![7] साँस फूल जाती है

1. शुभ सन्देश, 2. प्रातःकालीन हवा, 3. सिर से पाँव तक, 4. जुदाई, 5. अन्य की इच्छा, 6. सहसभाषी, 7. मित्र।

क्या सितम है कि अब तिरी सूरत
ग़ौर करने पे याद आती है

कौन इस घर की देखभाल करे
रोज़ इक चीज़ टूट जाती है

मुझे ग़रज़[1] है मिरी जान ग़ुल[2] मचाने से
न तेरे आने से मतलब, न तेरे जाने से

अजीब है मिरी फ़ितरत[3] कि आज ही मस्लन
मुझे सुकून मिला है तिरे न आने से

इक इज्तिहाद[4] का पहलू ज़रूर है तुझ में
ख़ुशी हुई तिरे ना वक़्त मुस्कुराने से

ये मेरा जोशे-मुहब्बत फ़क़त इबारत[5] है
तुम्हारी चम्पई रानों[6] को नोच खाने से

मुहज़्ज़ब[7] आदमी पतलून के बटन तो लगा
कि इर्तिक़ा[8] है इबारत बटन लगाने से

---

1. आशय, 2. शोर, 3. स्वभाव, 4. जहाँ कुरान/हदीस में किसी काम के लिए स्पष्ट आदेश न हो वहाँ अपनी बुद्धि से उचित-अनुचित का ज्ञान करना, प्रयत्न करना, 5. उद्देश्य, 6. जाँघों, 7. शिष्ट, 8. विकास।

तू भी चुप है मैं भी चुप हूँ ये कैसी तन्हाई है
तेरे साथ तिरी याद आयी क्या तू सचमुच आयी है

शायद वो दिन पहला दिन था पलकें बोझल होने का
मुझ को देखते ही जब उस की अंगड़ाई शर्माई है

उस दिन पहली बार हुआ था मुझ को रफ़ाक़त[1] का अहसास
जब उस के मल्बूस[2] की ख़ुशबू घर पहुंचाने आयी है

हुस्न से अर्ज़े-शौक़[3] न करना हुस्न को ज़क पहुँचाना[4] है
हम ने अर्ज़े-शौक़ न कर के हुस्न को ज़क पहुँचाई है

हम को और तो कुछ नहीं सूझा अलबत्ता उस के दिल में
सोज़े-रक़ाबत पैदा[5] कर के उस की नींद उड़ाई है

हम दोनों मिल कर भी दिलों की तन्हाई में भटकेंगे
पागल कुछ तो सोच ये तूने कैसी शक्ल बनाई है

इश्क़े-पेचां[6] की संदल पर जाने किस दिन बेल चढ़े
क्यारी में पानी ठैरा है दीवारों पर काई है

1. मैत्री, 2. वस्त्र, 3. अभिलाषा की प्रार्थना, 4. लज्जित करना, 5. प्रतिद्वन्द्वी के लिए जलन, 6. लाल फूलों वाली एक बेल।

हुस्न के जाने कितने चेह्रे हुस्न के जाने कितने नाम
इश्क़ का पेशा हुस्नपरस्ती[1] इश्क़ बड़ा हरजाई है

आज बहुत दिन बाद मैं अपने कमरे तक आ निकला था
जूँ ही दरवाज़ा खोला है उस की ख़ुशबू आयी है

एक तो इतना हब्स[2] है फिर मैं साँसें रोके बैठा हूँ
वीरानी ने झाड़ू दे के घर में धूल उड़ाई है

1. सौन्दर्योपासना 2. उमस।

उम्र गुज़रेगी इम्तिहान में क्या
दाग़ ही देंगे मुझ को दान में क्या

मेरी हर बात बेअसर ही रही
नक़्स[1] है कुछ मिरे बयान में क्या

मुझ को तो कोई टोकता भी नहीं
यही होता है ख़ानदान में क्या

अपनी महरूमियां[2] छिपाते हैं
हम ग़रीबों की आन-बान में क्या

ख़ुद को जाना जुदा ज़माने से
आ गया था मिरे गुमान[3] में क्या

शाम ही से दुकाने-दीद[4] है बन्द
नहीं नुक़्सान तक दुकान में क्या

ऐ मिरे सुबहो-शामे-दिल की शफ़क़[5]
तू नहाती है अब भी बान[6] में क्या

बोलते क्यूँ नहीं मिरे हक़ में
आबले पड़ गये ज़बान में क्या

1. त्रुटि, 2. वंचनाएँ, 3. भ्रम, 4. दृश्य की दुकान, 5. लालिमा, 6.अमरोहा में बहने वाली नदी।

हमारे ज़ख़्मे-तमन्ना[1] पुराने हो गये हैं
कि उस गली में गये अब ज़माने हो गये हैं

तुम अपने चाहने वालों की बात मत सुनियो
तुम्हारे चाहने वाले दिवाने हो गये हैं

वो ज़ुल्फ़ धूप में फ़ुर्क़त[2] की आयी है जब याद
तो बादल आये हैं और शामियाने[3] हो गये हैं

जो अपने तौर से हम ने कभी गुज़ारे थे
वो सुब्हो-शाम तो जैसे फ़साने हो गये हैं

अजब महक थी मिरे गुल तिरे शबिस्तां[4] की
सो बुलबुलों के वहाँ आशियाने हो गये हैं

हमारे बाद जो आयें उन्हें मुबारक हो
जहाँ थे कुंज वहाँ कारख़ाने हो गये हैं

---

1. आकांक्षा के घाव, 2. जुदाई, 3. छाया के लिए ताना जाने वाला कपड़ा, 4. शयनागार।

हम तिरा हिज्र[1] मनाने के लिए निकले हैं
शह्र में आग लगाने के लिए निकले हैं

शह्र कूचों में करो हश्र बपा[2] आज कि हम
उस के वादों को भुलाने के लिए निकले हैं

हम से जो रूठ गया है वो बहुत है मासूम
हम तो औरों को मनाने के लिए निकले हैं

शह्र में शोर है, वो यूँ के गुमां के सफ़री
अपने ही आप में आने के लिए निकले हैं

वो जो थे शह्रे-तहय्युर[3] तिरे पुरफ़न[4] मेमार
वही पुरफ़न तुझे ढाने के लिए निकले हैं

रहगुज़र में तिरी क़ालीन बिछाने वाले
ख़ून का फ़र्श बिछाने के लिए निकले हैं

हमें करना है ख़ुदावंद[5] की इमदाद[6] सो हम
दैरो-काबा[7] को लड़ाने के लिए निकले हैं

---

1. वियोग, 2. ऊधम मचाना, 3. अचम्भों का नगर, 4. कलात्मक इमारत बनाने वाले, 5. ईश्वर, 6. सहायता, 7. मन्दिर और काबा।

सरे-शब इक नयी तम्सील[1] बपा होनी है
और हम पर्दा उठाने के लिए निकले हैं

हमें सैराब[2] नयी नस्ल को करना है सो हम
ख़ून में अपने नहाने के लिए निकले हैं

हम कहीं के भी नहीं पर ये है रूदाद[3] अपनी
हम कहीं से भी न जाने के लिए निकले हैं

---

1. दृष्टान्त 2. सींचना, तृप्त, 3. वृत्तान्त।

क्या यक़ीं[1] और क्या गुमां[2] चुप रह
शाम का वक़्त है मियाँ, चुप रह

हो गया क़िस्सा-ए-वजूद[3] तमाम[4]
है अब आग़ाज़े-दास्तां,[5] चुप रह

मैं तो पहले ही जा चुका हूँ कहीं
तू भी जाना नहीं यहाँ, चुप रह

तू अब आया है हाल में अपने
जब ज़मीं है न आस्मां चुप रह

तू जहाँ था जहाँ जहाँ था कभी
तू भी अब तो नहीं वहाँ, चुप रह

ज़िक्र छेड़ा ख़ुदा का फिर तूने
यां है इन्सां भी रायगां,[6] चुप रह

सारा सौदा[7] निकाल दे सर से
अब नहीं कोई आस्तां,[8] चुप रह

---

1. विश्वास, 2. भ्रम, 3. अस्तित्व का वृत्तान्त, 4. सम्पूर्ण, 5. दास्तान का आरम्भ, 6. व्यर्थ, 7. उन्माद, 8. चौखट।

अहरमन[1] हो, ख़ुदा हो, या आदम
हो चुका सब का इम्तिहां, चुप रह

दर्मियानी ही अब सभी कुछ है
तू नहीं अपने दर्मियां, चुप रह

अब कोई बात तेरी बात नहीं
नहीं तेरी, तिरी ज़ुबां, चुप रह

है यहाँ ज़िक्रे-हाले-मौजूदा[2]
तू है अब अज़गुज़िश्तगां,[3] चुप रह

हिज्र[4] की जांकनी[5] तमाम हुई
दिल हुआ 'जॉन' बेअमां, चुप रह

---

1. ईरानियों के मतानुसार 'बदी' का ईश्वर, 2. वर्तमान की चर्चा, 3. विस्मृतों में से, 4. विरह, 5. मृत्यु सा कष्ट।

तिरी क़ीमत घटाई जा रही है
मुझे फ़ुर्क़त सिखाई जा रही है

ये है तामीरे-दुनिया[1] का ज़माना[2]
हवेली दिल की ढाई जा रही है

वो शै[3] जो सिर्फ़ हिन्दुस्तान की थी
वो पाकिस्तान लाई जा रही है

कहाँ का दीन,[4] कैसा दीन, क्या दीन
ये क्या गड़बड़ मचाई जा रही है

शऊरे-आदमी[5] की सरज़मीं तक
ख़ुदा की अब दुहाई जा रही है

मुझे अब होश आता जा रहा है
ख़ुदा तेरी ख़ुदाई जा रही है

नहीं मालूम क्या साज़िश है दिल की
कि ख़ुद ही मात खाई जा रही है

है वीरानी की धूप और एक आँगन
और उस पर लू चलाई जा रही है

---

1. दुनिया की रचना, 2. समय, 3. वस्तु, 4. धर्म, 5. आदमी का विवेक।

मैं तो सौदा लिये फिरा सर में
ख़ाक उड़ती रही मिरे घर में

न हुआ तू मुझे नसीब तो क्या
मैं ही अपने न था मुक़द्दर में

ले के सम्तों[1] की एक बेसम्ती[2]
गुम हुआ हूँ मैं अपने पैकर[3] में

डूबिये इस निगह के साथ कहाँ
धूल ही धूल है समन्दर में

चाहिए कुछ हुनर को उस का ख़याल
है जो बेमंज़री[4]-सी मंज़र में

माँग ले कोई याद पत्थर से
वक़्त पथरा गया है पत्थर में

कैसे पहुँचे ग़नीम[5] तक ये ख़बर
घिर गया हूँ मैं अपने लश्कर में

एक दीवार गिर पड़ी दिल पर
एक दीवार खिंच गयी घर में

---

1. दिशाओं, 2. दिशाहीन, 3. अस्तित्व, 4. दृश्यहीनता, 5. लुटेरा, दुश्मन ।

जी ही जी में वो जल रही होगी
चाँदनी नें टहल रही होगी

चाँद ने तान ली है चादरे-अब्र[1]
अब वो कपड़े बदल रही होगी

सो गयी होगी वो शफ़क़-अंदाम[2]
सब्ज़ क़ंदील जल रही होगी

सुर्ख़ और सब्ज़ वादियों की तरफ़
वो मिरे साथ चल रही होगी

चढ़ते-चढ़ते किसी पहाड़ी पर
अब वो करवट बदल रही होगी

पेड़ की छाल से रगड़ खा कर
वो तने से फिसल रही होगी

नीलगूं झील नाफ़[3] तक पहने
संदलीं जिस्म मल रही होगी

हो के वो ख़्वाबे-ऐश से बेदार[4]
कितनी ही देर शल[5] रही होगी

---

1. बादल की चादर, 2. उषा की-सी देह वाली, 3. नाभि, 4. जाग्रत, 5. शिथिल, आलसी ।

बेदिली क्या यूँ ही दिन गुज़र जाएँगे
सिर्फ़ ज़िन्दा रहे हम तो मर जाएँगे

रक़्स[1] है रंग पर रंग हमरक़्स[2] हैं
सब बिछड़ जाएँगे सब बिखर जाएँगे

ये ख़राबातियाने - ख़िरदबाख़्ता[3]
सुब्ह होते ही सब काम पर जाएँगे

कितनी दिलकश[4] हो तुम कितना दिल जू[5] हूँ मैं
क्या सितम है कि हम लोग मर जाएँगे

है ग़नीमत[6] कि अस्रारे-हस्ती[7] से हम
बेख़बर आये हैं बेख़बर जाएँगे

1. नृत्य, 2. सहनर्तक, 3. बुद्धिग्रसित मद्यप, 4. चित्ताकर्षक, 5. सुन्दर, 6. अच्छा, 7. अस्तित्व के रहस्य।

ज़ख़्मे-उम्मीद[1] भर गया कब का
क़ैस[2] तो अपने घर गया कब का

अब तो मुँह अपना मत दिखाओ मुझे
नासेहो[3] मैं सुधर गया कब का

आप अब पूछने को आये हैं
दिल मिरी जान मर गया कब का

आप इक और नींद ले लीजे
क़ाफ़िला कूच कर गया कब का

मेरा फेहरिस्त[4] से निकाल दो नाम
मैं तो ख़ुद से मुकर गया कब का

---

1. आशारुपी घाव, 2. 'मँजनू' का नाम, जो लैला पर मुग्ध था, 3. उपदेशकों, 4. सूची।

वो जो था वो कभी मिला ही नहीं
सो गिरेबां कभी सिला ही नहीं

उस से हरदम मुआमला[1] है मगर
दर्मियां कोई सिल्सिला ही नहीं

बेमिले ही बिछड़ गये हम तो
सो गिले है कोई गिला ही नहीं

चश्म मैगूं[2] से है मुग़ां[3] ने कहा
मस्त कर दे मगर पिला ही नहीं

तू जो है जान, तू जो है जानां
तू हमें आज तक मिला ही नहीं

मस्त हूँ मैं महक से उस गुल की
जो किसी बाग़ में खिला ही नहीं

हाय, जॉन उस का वो पियाला-ए-नाफ़[4]
जाम[5] ऐसा कोई मिला ही नहीं

तू है इक उम्र से फ़ुग़ांपेशा[6]
अभी सीना तिरा छिला ही नहीं

---

1. लेन-देन, सम्बन्ध, 2. शराब के रंग जैसी लाल आँखें, 3. शराब पिलाने वाला, 4. नाभि रुपी प्याला, 5. शराब पीने का प्याला, 6. आर्तनाद करने वाला।

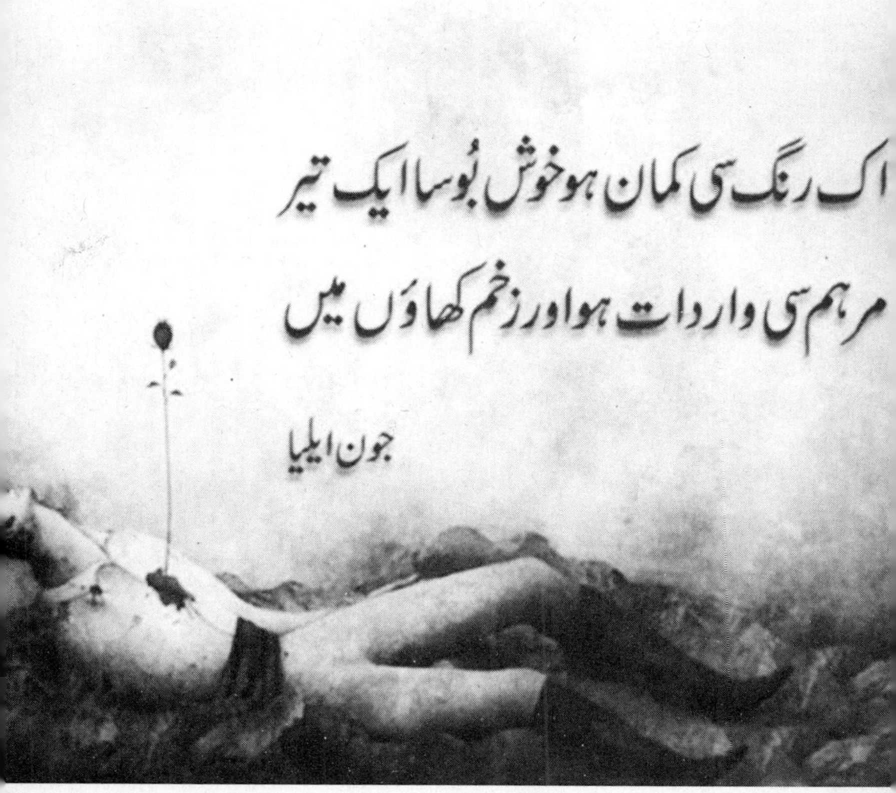
اک رنگ سی کمان ہو خوش بُو سا ایک تیر
مرہم سی واردات ہو اور زخم کھاؤں میں
جون ایلیا

दिल के अरमान मरते जाते हैं
सब घरोंदे बिखरते जाते हैं

महमिले-सुब्हे-नौ[1] कब आयेगी
कितने ही दिन गुज़रते जाते हैं

मुस्कुराते ज़रूर हैं लेकिन
ज़ेरे-लब[2] आह भरते जाते हैं

थी कभी कोहकन[3] मिरी शीरीं
अब तो आदाब बरते जाते हैं

बढ़ता जाता है कारवाने-हयात[4]
हम उसे याद करते जाते हैं

शह्र आबाद कर के शह्र के लोग
अपने अन्दर बिखरते जाते हैं

रोज़ अफ़्ज़ूं[5] है ज़िन्दगी का जमाल
आदमी हैं कि मरते जाते हैं

'जॉन' ये ज़ख़्म कितना कारी[6] है
यानी कुछ ज़ख़्म भरते जाते हैं

---

1. नयी सुब्ह का कजावा, 2. होंठों में, 3. पहाड़ काटने वाला, फ़रहाद की उपाधि, 4. जीवन का कारवाँ, 5. जो प्रतिदिन बढ़ता रहे, 6. भरपूर।

दिल जो है आग लगा दूँ उस को
और फिर ख़ुद ही हवा दूँ उस को

जो भी है उस को गँवा बैठा है
मैं भला कैसे गँवा दूँ उस को

तुझ गुमां पर जो इमारत की थी
सोचता हूँ कि मैं ढा दूँ इस को

जिस्म में आग लगा दूं उस के
और फिर ख़ुद ही बुझा दूं उस को

हिज्र[1] की नज़्र[2] तो देनी है उसे
सोचता हूँ कि भुला दूँ उस को

जो नहीं है मिरे दिल की दुनिया
क्यूँ न मैं 'जॉन' मिटा दूँ उस को

---

1. जुदाई, 2. भेंट।

निकल आया मैं अपने अन्दर से
अब कोई डर नहीं है बाहर से

सुब्ह दफ़्तर गया था क्यूँ इन्सान
अब ये क्यूँ आ रहा है दफ़्तर से

मेरे अन्दर कजी[1] बला की है
क्या मुझे खींचता है मस्तर[2] से

रन को जाता हूँ पर नहीं मालूम
आख़िरश हूँ मैं किस के लश्कर से

अहले-मजलिस[3] तो सोएँगे ता देर
आप कब उतरियेगा मिंबर[4] से

नहीं बदतर कि बदतरीन हूँ मैं
हूँ ख़जल[5] अपने निस्फ़ बेहतर[6] से

बोल कर दाद के फ़क़त दो बोल
ख़ून थुकवा लो शोबदागर[7] से

अब जो डर है मुझे तो इस का है
अन्दर आ जाएँगे वो अन्दर से

---

1. टेढ़ापन, 2. कागज़ पर मोड़ पर पंक्ति बनाने की दफ़्ती, 3. सभासद, 4. सम्बोधन करने की चौकी, 5. लज्जित, 6. निस्फ़=आधा लाक्षणिक अर्थ पत्नी, 7. जादूगर, यहाँ शाइर अभिप्राय।

सर ही अब फोड़िये नदामत[1] में
नींद आने लगी है फ़ुर्क़त[2] में

हैं दलीलें तिरे ख़िलाफ़ मगर
सोचता हूँ तिरी हिमायत[3] में

रूह ने इश्क़ का फ़रेब[4] दिया
जिस्म को जिस्म की अदावत[5] में

अब फ़कत आदतों की वर्ज़िश[6] है
रूह शामिल नहीं शिकायत में

इश्क़ को दर्मियाँ न लाओ कि मैं
चीख़ता हूँ बदन की उसरत[7] में

ये कुछ आसान तो नहीं है कि हम
रूठते अब भी हैं मुरव्वत[8] में

वो जो तामीर[9] होने वाली थी
लग गयी आग उस इमारत में

---

1. शर्मिन्दगी, 2. विरह, 3. तरफ़दारी, 4. धोखा, 5. शत्रुता, 6. अभ्यास, 7. कठिनता, 8. शील संकोच, 9. निर्माण।

अपने हुजरे[1] का क्या बयां कि यहाँ
ख़ून थूका गया शरारत में

वो ख़ला[2] है कि सोचता हूँ मैं
उस से क्या गुफ़्तगू[3] हो ख़िल्वत[4] में

ज़िन्दगी किस तरह बसर होगी
दिल नहीं लग रहा मुहब्बत में

हासिले-कुन[5] है ये जहाने-ख़राब[6]
यही मुम्किन था इतनी उज्लत[7] में

फिर बनाया ख़ुदा ने आदम को
अपनी सूरत पे ऐसी सूरत में

और फिर आदमी ने ग़ौर किया
छिपकली की लतीफ़ सनअत[8] में

ऐ ख़ुदा (जो कहीं नहीं मौजूद)
क्या लिखा है हमारी क़िस्मत में

---

1. कोठरी, 2. रिक्त होना, एकाकी होना, 3. वार्तालाप, 4. एकान्त, 5. कुन='हो जा', क़ुरआन के अनुसार ईश्वर ने यह शब्द कहा और सृष्टि उत्पन्न हो गयी, 6. दुनिया, 7. जल्दी, 8. बारीक कला।

गुज़र आया मैं चल के ख़ुद पर से
इक बला तो टली मिरे सर से

मुस्तक़िल[1] बोलता ही रहता हूँ
कितना ख़ामोश हूँ मैं अन्दर से

मुझ से अब लोग कम ही मिलते हैं
यूँ भी मैं हट गया हूँ मंज़र से

मैं ख़मे-कूचा-ए-जुदाई[2] था
सब गुज़रते गये बराबर से

हुजरा-ए-सद बला[3] है बातिने-ज़ात[4]
ख़ुद को तो खींचियो न बाहर से

क्या सहर हो गयी दिले-बेख़्वाब[5] ?
इक धुआँ उठ रहा है बिस्तर से

1. निरन्तर, 2. वियोग की गली में झुकाव, 3. अनगिनत आपत्तियों की कोठरी, 4. अस्तित्व के अन्दर, 5. अनिद्रा ग्रसित दिल।

जो ज़िन्दगी बची है उसे मत गँवाइये
बेहतर ये है कि आप मुझे भूल जाइये

हर आन[1] इक जुदाई है ख़ुद अपने आप से
हर आन का है ज़ख़्म जो हर आन खाइये

थी मश्वरत[2] कि हम को बसाना है घर नया
दिल ने कहा कि मेरे दरो-बाम[3] ढाइये

थूका है मैंने ख़ून हमेशा मज़ाक़ में
मेरा मज़ाक़ आप हमेशा उड़ाइये

हरगिज़ मिरे हुज़ूर कभी आइये न आप
और आइये अगर, तो ख़ुदा बन के आइये

अब कोई भी नहीं है कोई दिल मुहल्ले में
किस-किस गली में जाइये और ग़ुल[4] मचाइये

इक तौरिदा सदी था जो बेतौर हो गया
अब जंतरी[5] बजाइये, तारीख़[6] गाइये

इक लाल क़िला था जो मियाँ ज़र्द पड़ गया
अब रंगरेज़ कौन से, किस जा[7] से लाइये

---

1. क्षण, 2. परामर्श, 3. द्वार और छत, 4. शोर, 5. डफली, 6. इतिहास, 7. जगह।

शाइर हैं आप यानी कि सस्ते लतीफ़ गो[1]
रिश्तों को दिल से रोइये, सब को हँसाइये

जो हालतों का दौर था, वो तो गुज़र गया
दिल को जला चुके हैं, सो अब घर जलाइये

अब क्या फ़रेब[2] दीजिये और किस को दीजिये
अब क्या फ़रेब खाइये और किस से खाइये

है याद पर मदार[3] मिरे कारोबार का
है अर्ज़ आप मुझ को बहुत याद आइये

बस फ़ाइलों का बोझ उठाया करें जनाब
मिस्रा[4] ये जॉन का है इसे मत उठाइये

---

1. चुटकुले सुनाने वाला, 2. धोखा, 3. निर्भरता, 4. शेर की एक पंक्ति शाइर की किसी पंक्ति को जब साथी-शाइर या श्रोता दोहराये तो उसे पारिभाषिक अर्थों में मिस्रा उठाना कहते हैं।

याद उसे इन्तहाई[1] करते हैं
सो हम उस की बुराई करते हैं

पसन्द आता है दिल से यूसुफ़[2] को
वो जो यूसुफ़ के भाई करते हैं

है बदन ख़्वाबे-वस्ल[3] का दंगल
आओ रोज़ आज़माई करते हैं

उस को और ग़ैर को ख़बर ही नहीं
हम लगाई बुझाई करते हैं

हम अजब हैं कि उस की बाँहों में
शिकवा-ए-नारसाई[4] करते हैं

हालते-वस्ल[5] में भी हम दोनों
लम्हा-लम्हा जुदाई करते हैं

आप जो मेरी जां हैं, मैं दिल हूँ
मुझ से कैसे जुदाई करते हैं

---

1. अत्यधिक, 2. नाम पैगम्बर का, जो कामदेव की तरह सुन्दर थे, 3. मिलन का सपना, 4. पहुँच न होने का उलाहना, 5. मिलन की दशा।

बावफ़ा एक-दूसरे से मियाँ
हर नफ़स[1] बेवफ़ाई करते हैं

जो हैं सरहद के पार से आये
वो बहुत ख़ुदसताई[2] करते हैं

पल क़यामत के सूदख़्वार[3] हैं 'जॉन'
ये अबद[4] की कमाई करते हैं

1. साँस, 2. आत्मप्रशंसा, 3. ब्याज खाने वाला, 4. वह समय जिसका अन्त न पता हो।

अब जुनूँ[1] कब किसी के बस में है
उस की ख़ुशबू नफ़स-नफ़स[2] में है

हाल उस सैद[3] का सुनाइये क्या
जिस का सय्याद[4] ख़ुद क़फ़स[5] में है

क्या है गर ज़िन्दगी का बस न चला
ज़िन्दगी कब किसी के बस में है

ग़ैर से रहियो तू ज़रा हुशियार
वो तिरे जिस्म की हवस में है

पा शिकस्ता पड़ा हुआ हूँ मगर
दिल किसी नग़्मा-ए-जरस[6] में है

'जॉन' हम सब की दस्तरस[7] में हैं
वो भला किस की दस्तरस में है

---

1. उन्माद, 2. साँस-साँस, 3. शिकार, 4. शिकारी, 5. पिंजरा, 6. यात्रियों के साथ रहने वाली जानवर के गले की घंटी के मधुर गान/ध्वनि 7. पहुँच।

ज़िक्र भी उस से क्या भला मेरा
उस से रिश्ता ही क्या रहा मेरा

आज मुझ को बहुत बुरा कह कर
आप ने नाम तो लिया मेरा

आख़िरी बात तुम से कहना है
याद रखना न तुम कहा मेरा

अब तो कुछ भी नहीं हूँ मैं वैसे
कभी वो भी था मुब्तला[1] मेरा

वो भी मंज़िल तलक पहुँच जाता
उस ने ढूँढ़ा नहीं पता मेरा

तुझ से मुझ को निजात मिल जाये
तू दुआ कर कि हो भला मेरा

क्या बताऊँ बिछड़ गया यारां
एक बिलक़ीस[2] से सबा[3] मेरा

---

1. आसक्त, 2. सुलेमान की पत्नी, 3. यमन का एक नगर, जो सुलेमान को दहेज़ में मिला था।

वो जो क्या कुछ न करने वाले थे
बस कोई दम में मरने वाले थे

थे गिले[1] और गर्दबाद[2] की शाम
और हम सब बिखरने वाले थे

वो जो आता तो उस की ख़ुशबू में
आज हम रंग भरने वाले थे

सिर्फ़ अफ़्सोस है ये तंज़[3] नहीं
तुम न सँवरे, सँवरने वाले थे

यूँ तो मरना है एक बार मगर
हम कई बार मरने वाले थे

---

1. उलाहने, 2. धूल भरी हवा, 3. कटाक्ष, व्यंग्य।

घर से हम घर तलक गये होंगे
अपने ही आप तक गये होंगे

हम जो अब आदमी हैं पहले कभी
जाम होंगे छलक गये होंगे

वो भी अब हम से थक गया होगा
हम भी अब उस से थक गये होंगे

शब जो हम से हुआ मुआफ़ करो
नहीं पी थी बहक गये होंगे

कितने ही लोग हिर्से-शोहरत[1] में
दार[2] पर ख़ुद लटक गये होंगे

शुक्र है उस निगाहे-कम[3] का मियाँ
पहले ही हम खटक गये होंगे

हम तो अपनी तलाश में अक्सर[4]
अज़ समा-ता-समक[5] गये होंगे

---

1. प्रसिद्धि की लालसा, 2. सूली, 3. उपेक्षा भरी दृष्टि, 4. प्रायः, 5. आकाश से पाताल तक।

उस का लश्कर जहाँ-तहाँ यानी
हम भी बस बेकुमक[1] गये होंगे

जॉन, अल्लाह और ये आलम[2]
बीच में हम अटक गये होंगे

1. सहायता के बिना, 2. संसार, स्थिति।

तूने मस्ती वजूद[1] की क्या की
ग़म में भी थी जो इक ख़ुशी क्या की

नाज़बरदारे-दिलबरां[2] ऐ दिल
तूने ख़ुद अपनी दिलबरी[3] क्या की

आ गया मस्लहत[4] की राह पे तू
अपनी अज़ ख़ुद गुज़श्तगी[5] क्या की

रहरवे-शामे-रोशनी[6] तूने
अपने आँगन की चाँदनी क्या की

तेरा हर काम अब हिसाब से है
बेहिसाबी की ज़िन्दगी क्या की

यूँ ही फिरता है तू जो राहों में
दिल मुहल्ले की वो गली क्या की

इक न इक बात सब में होती है
वो जो इक बात तुझ में थी, क्या की

---

1. अस्तित्व, 2. प्रेयसी के नाज़ उठाने वाला, 3. दिल को मोह लेना, 4. अपने अच्छे-बुरे का ध्यान रखकर कोई काम करना, 5. स्व की विस्मृति, 6. शाम के प्रकाश का यात्री।

जल उठा दिल, शिमाले-शाम मिरा
तूने भी मेरी दिलदही क्या की

नहीं मालूम हो सका दिल ने
अपनी उम्मीदे-आख़िरी क्या की

'जॉन' दुनिया की चाकरी कर के
तूने दिल की वो नौकरी क्या की

गाहे-गाहे[1] बस अब यही हो क्या
तुम से मिल कर बहुत ख़ुशी हो क्या

मिल रही हो बड़े तपाक के साथ
मुझ को यकसर[2] भुला चुकी हो क्या

याद हैं अब भी अपने ख़्वाब तुम्हें
मुझ से मिल कर उदास भी हो क्या

बस मुझे यूँ ही इक ख़याल आया
सोचती हो तो सोचती हो क्या

अब मिरी कोई ज़िन्दगी ही नहीं
अब भी तुम मेरी ज़िन्दगी हो क्या

क्या कहा इश्क़ ज़ाविदानी[3] है !
आख़री बार मिल रही हो क्या

हाँ फ़ज़ा याँ की सोई-सोई-सी है
तो बहुत तेज़ रोशनी हो क्या

---

1. यदा-कदा, 2. बिल्कुल, 3. अनश्वर।

मेरे सब तंज़[1] बेअसर ही रहे
तुम बहुत दूर जा चुकी हो क्या

दिल में अब सोज़े-इन्तज़ार[2] नहीं
शम्ए-उम्मीद बुझ गयी है क्या

इस समुन्दर पे तिश्नाकाम[3] हूँ मैं
बान,[4] तुम अब भी बह रही हो क्या

---

1. कटाक्ष, 2. प्रतीक्षा की जलन, 3. प्यासा, 4. अमरोहा में बहने वाली नदी का नाम। विभाजन से पूर्व शाइर अमरोहा ही में रहता था।

मुझ को तो गिर के मरना है
बाक़ी को क्या करना है

शह्र है चेह्रों की तम्सील[1]
सब का रंग उतरना है

वक़्त[1] है वो नाटक जिस में
सब को डरा कर डरना है

मेरे नक़्शे-सानी[2] को
मुझ में ही से उतरना है

कैसी तलाफ़ी[3] क्या तदबीर[4]
करना है और भरना है

जो नहीं गुज़रा है अब तक
वो लम्हा तो गुज़रना है

अपने गुमां का रंग था मैं
अब ये रंग बिखरना है

---

1. समानता, 2. दूसरे चित्र को, 3. क्षतिपूर्ति, 4. उपाय।

हम दोपाये हैं सो हमें
मेज़ पे जा कर चरना है

चाहे हम कुछ भी कर लें
हम ऐसों को सुधरना है

हम तुम हैं इक लम्हे के
फिर भी वादा करना है

अपनी मंज़िल का रास्ता भेजो
जॉन हम को वहाँ बुला भेजो

क्या हमारा नहीं रहा सावन
ज़ुल्फ़ यां भी कोई घटा भेजो

नयी कलियाँ जो अब खिली हैं वहाँ
उन की ख़ुशबू को इक ज़रा भेजो

हम न जीते हैं और न मरते हैं
दर्द भेजो न तुम दवा भेजो

धूल उड़ती है जो उस आँगन में
उस को भेजो सबा-सबा भेजो

ऐ फ़कीरो! गली के उस गली की
तुम हमें अपनी ख़ाके-पा[1] भेजो

शफ़क़े-शामे-हिज्र[2] के हाथों
अपनी उतरी हुई क़बा[3] भेजो

कुछ तो रिश्ता है तुम से कमबख़्तो
कुछ नहीं, कोई बद्दुआ भेजो

---

1. चरणधूलि, 2. वियोग की शाम की लालिमा, 3. परिधान।

सरे-सहरा[1] हबाब[2] बेचे हैं
लबे-दरिया[3] सराब[4] बेचे हैं

और तो क्या था बेचने के लिए
अपनी आँखों के ख़्वाब बेचे हैं

ख़ुद सवाल उन लबों से कर के मियाँ
ख़ुद ही उन के जवाब बेचे हैं

शह्र में हम ख़राब हालों ने
हाल अपने ख़राब बेचे हैं

जानेमन तेरी बेनक़ाबी ने
आज कितने नक़ाब बेचे हैं

मेरी फ़रयाद[5] ने सुकूत[6] के साथ
अपने लब के अज़ाब[7] बेचे हैं

---

1. रेगिस्तान में, 2. बुल्बुले, 3. दरिया के किनारे, 4. मृगतृष्णा, 5. दुहाई, 6. ख़ामोशी, 7. दुःख।

दिल की तकलीफ़ कम नहीं करते
अब कोई शिकवा[1] हम नहीं करते

जाने-जां तुझ को अब तिरी ख़ातिर
याद हम कोई दम नहीं करते

दूसरी हार की हवस[2] है सो हम
सरे-तस्लीम[3] ख़म नहीं करते

वो भी पढ़ता नहीं है अब दिल से
हम भी नाले[4] को नम नहीं करते

जुर्म में हम कमी करें भी तो क्यूँ
तुम सज़ा भी तो कम नहीं करते

1. उलाहना, 2. लालसा, 3. सम्मान/स्वीकारोक्ति में सर झुकाना, 4. आर्तनाद।

ठीक है ख़ुद को हम बदलते हैं
शुक्रिया मश्वरत[1] का, चलते हैं

हो रहा हूँ मैं किस तरह बर्बाद
देखने वाले हाथ मलते हैं

है वो 'जान' अब हर एक महफ़िल की
हम भी अब घर से कम निकलते हैं

क्या तकल्लुफ़[2] करें ये कहने में
जो भी ख़ुश हैं हम उस से जलते हैं

है उसे दूर का सफ़र दरपेश[3]
हम सँभाले नहीं सँभलते हैं

तुम बनो रंग, तुम बनो ख़ुशबू
हम तो अपने सुख़न[4] में ढलते हैं

मैं उसी तरह तो बहलता हूँ
और सब जिस तरह बहलते हैं

है अजब फ़ैसले का सहरा भी
चल न पड़िये तो पांव जलते हैं

---

1. परामर्श, 2. संकोच, 3. सामने होना, 4. काव्य।

रूह प्यासी कहाँ से आती है
ये उदासी कहाँ से आती है

है वो यकसर[1] सुपुर्दगी[2] तो भला
बदहवासी कहाँ से आती है

वो हम आग़ोश[3] है तो फिर दिल में
नासिपासी[4] कहाँ से आती है

एक ज़िन्दा ने-बेदिली[5] और शाम
ये सबा-सी कहाँ से आती है

तू है पहलू में फिर तेरी ख़ुशबू
हो के बासी कहाँ से आती है

दिल है शब-सोख़्ता,[6] सोए उम्मीद
तू निदा-सी[7] कहाँ से आती है

मैं हूँ तुझ में और आस है तेरी
तो निरासी कहाँ से आती है

---

1. पूरी, 2. आत्म-समर्पण, 3. आलिंगन, 4. कृतज्ञता 5. अनमने भाव का बन्दीगृह 6. रात का जला 7. आवाज़।

तिरे ग़ुरूर[1] का हुलिया बिगाड़ डालूँगा
मैं आज तेरा गिरेबान फाड़ डालूँगा

तरह-तरह के शगूफ़े[2] जो छोड़ता है तू
मैं दिल का बाग़े-नमू ही उजाड़ डालूँगा

कहाँ का सैले-अज़ल[3] ता किनारगाहे-अबद[4]
मैं हूँ अदम, मैं सभी को लताड़ डालूँगा

बहुत अदा से तो गुज़रा है चश्मा सारों से
ये सुन कि राह में तेरी मैं बाड़ डालूँगा

शगुफ़्तगी[5] की तिरी याद जो दिलाते हैं
मैं ऐसे सारे ही पौधे उखाड़ डालूँगा

ये तय किया है कि दरिया-ए-मौज-मस्ती[6] को
सराबे-दश्ते-तपीदा[7] में गाड़ डालूँगा

तमाम नक़्शे-तमन्ना[8] फ़रेब थे,सो थे
मैं सारे नक़्शे-तमन्ना बिगाड़ डालूँगा

---

1. घमण्ड, 2. नयी बात, 3. अनादिकाल का तूफ़ान, 4. अन्तिम काल का तट, 5. हर्षित, खिला हुआ, 6. मौज-मस्ती का दरिया, 7. जलते हुए जंगल की मृगतृष्णा, 8. आकांक्षा के चिन्ह।

जो रिश्ता है दिलो-जां का है सर-ब-सर झूठा
सो, मैं तो अब दिलो-जां में दराड़ डालूँगा

झंडोले बालों की पुर फ़ित्ना,उस से कह देना
मैं इस कमीन को ज़िन्दा ही गाड़ डालूँगा

मुझे तो अब उसे दंगल में गन्दा करना है
सो, मैं उसे बुरे हालों पछाड़ डालूँगा

शाम हुई है यार आये हैं यारों के हमराह चलें
आज वहाँ क़व्वाली होगी जॉन चलो दरगाह चलें

अपनी गलियाँ अपने रमने अपने जंगल अपनी हवा
चलते-चलते वज्द[1] में आयें राहों में बेराह चलें

जाने बस्ती में जंगल हो या जंगल में बस्ती हो
है कैसी कुछ ना आगाही[2] आओ चलो नागाह[3] चलें

कूच अपना उस शह्र तरफ़ है नामी हम जिस शह्र के हैं
कपड़े फाड़ें ख़ाक-ब-सर[4] हों और ब-इज़्ज़ो-जाह[5] चलें

राह में उस की चलना है तो ऐश करा दें क़दमों को
चलते जायें, चलते जायें यानी ख़ातिरख़्वाह[6] चलें

---

1. आनन्दातिरेक, 2. विवेकहीनता, 3. अचानक, 4. सर पर ख़ाक, 5. प्रतिष्ठा और पद, 6. इच्छानुसार।

जब हम कहीं न होंगे तब शह्र भर में होंगे
पहुँचेगी जो न उस तक हम उस ख़बर में होंगे

थक कर गिरेंगे जिस दम बाँहों में तेरी आ कर
उस दम भी कौन जाने हम किस सफ़र में होंगे

ऐ जाने-अहदो-पैमां,[1] हम घर बसायेंगे हाँ
तू अपने घर में होगा, हम अपने घर में होंगे

मैं ले के दिल के रिश्ते घर से निकल चुका हूँ
दीवारो-दर के रिश्ते, दीवारो-दर में होंगे

तुझ अक्स के सिवा भी ऐ हुस्ने-वक़्ते-रुख़्सत[2]
कुछ और अक्स भी तो उस चश्मे-तर[3] में होंगे

ऐसे सराब[4] थे वो ऐसे थे कुछ कि अब भी
मैं आँख बन्द कर लूँ तब भी नज़र में होंगे

उस के नक़ूशे-पा[5] को राहों में ढूँढ़ना क्या
जो उस के ज़ेरे-पा[6] थे वो मेरे सर में होंगे

1. प्रेम प्रतिज्ञा की जान-प्रेयसी, 2. विदाई के समय का सौन्दर्य, 3. भीगे नयन, 4. मृगतृष्णा, 5. पदचिन्हों, 6. पैरों तले।

वो बेशतर[1] हैं जिन को कल का ख़याल कम है
तू रुक सके तो हम भी उन बेशतर में होंगे

आँगन से वो जो पिछले दालान तक बसे थे
जाने वो मेरे साये अब किस खन्डर में होंगे

मैं सहूँ कर्बे-ज़िन्दगी[1] कब तक
रहे आख़िर तिरी कमी कब तक

क्या मैं आँगन में छोड़ दूँ सोना
जी जलाएगी चाँदनी कब तक

अब फ़कत याद रह गयी है तिरी
अब फ़कत तेरी याद भी कब तक

मैं भला अपने होश में कब था
मुझ को दुनिया पुकारती कब तक

ख़ेमागाहे-शिमाल[2] में आख़िर
उस की ख़ुशबू रची-बसी कब तक

अब तो बस आप से गिला है यही
याद आयेंगे आप ही कब तक

मरने वालो ज़रा बताओ तो
रहेगी ये चला-चली कब तक

---

1. जीवन का दुख, 2. आदत के तम्बू।

जिस की टूटी थी साँस आख़िरे-शब
दफ़्न वो आरज़ू हुई कब तक

दोज़खे-ज़ात[1] बावजूद तिरे
शबे-फ़ुर्क़त[2] नहीं जली कब तक

अपने छोड़े हुए मुहल्लों पर
रहा दौराने-जांकनी[3] कब तक

नहीं मालूम मेरे आने पर
उस के कूचे में लू चली कब तक

1. अस्तित्व का नरक, 2. विरह रात्रि, 3. मरणासन्न अवस्था का दौर।

दिल जो इक जाये* थी दुनिया हुई आबाद इस में
पहले सुनते हैं कि रहती थी कोई याद इस में

वो जो था अपना गुमान आज बहुत याद आया
थी अजब राहते-आज़ादी-ए-ईजाद[1] इस में

एक ही तो वो मुहिम[2] थी जिसे सर करना[3] था
मुझे हासिल न किसी की हुई इम्दाद[4] इस में

एक ख़ुशबू में रही मुझ को तलाशे-ख़दो-ख़ाल[5]
रंग फ़स्लें मिरी यारो हुईं बर्बाद इस में

बाग़े-जां तू कभी रात गये गुज़रा है
कहते हैं रात में खेलें हैं परीज़ाद[6] इस में

दिल मुहल्ले में अजब एक क़फ़स[7] था यारो
सैद[8] को छोड़ के रहने लगा सय्याद[9] इस में

---

* जगह का फ़ारसी रुप।

1. आविष्कार की स्वतन्त्रता का सुख, 2. कठिन कार्य, 3. पूर्ण करना, 4. सहृदयता, 5. चेहरे-मोहरे की तलाश, 6. परियों की सन्तान, प्रेयसी, 7. पिंजरा, 8. शिकार, 9. शिकारी।

अज़ाबे-हिज्र[1] बढ़ा लूँ अगर इजाज़त हो
इक और ज़ख़्म मैं खा लूँ अगर इजाज़त हो

तुम्हारे आरिज़ो-लब[2] की जुदाई के दिन हैं
मैं जाम मुँह से लगा लूँ अगर इजाज़त हो

तुम्हारा हुस्न, तुम्हारे ख़याल का चेह्‌रा
शबाहतों[3] में छुपा लूँ अगर इजाज़त हो

तुम्हीं से है मिरे हर ख़्वाबे-शौक़[4] का रिश्ता
इक और ख़्वाब कमा लूँ अगर इजाज़त हो

थका दिया है तुम्हारे फ़िराक़[5] ने मुझ को
कहीं मैं ख़ुद को गिरा लूँ अगर इजाज़त हो

बरा-ए-नाम[6] बनामे-शबे-विसाल[7] यहाँ
शबे-फ़िराक़[8] मना लूँ अगर इजाज़त हो

---

1. वियोग का कष्ट, 2. कपोल और होंठ, 3. आकृति, 4. प्रेम का स्वप्न, 5. विरह, 6. नाम मात्र, 7. मिलन रात्रि के नाम पर, 8. विरह की रात।

हिज्र[1] की आँखों से आँखें तो मिलाते जाइये
हिज्र में करना है क्या ये तो बताते जाइये

बन के ख़ुशबू की उदासी रहिये दिल के बाग़ में
दूर होते जाइये नज़दीक आते जाइये

जाते-जाते आप इतना काम तो कीजे मिरा
याद का सारा सरो-सामां[2] जलाते जाइये

रह गयी उम्मीद तो बर्बाद हो जाऊँगा मैं
जाइये तो फिर मुझे सचमुच भुलाते जाइये

ज़िन्दगी की अंजुमन[3] का बस यही दस्तूर है
बढ़ के मिलिये और मिल कर दूर होते जाइये

आख़िरश रिश्ता तो हम में इक ख़ुशी इक ग़म का था
मुस्कुराते जाइये आँसू बहाते जाइये

वो गली है इक शराबी चश्म[4] काफ़िर की गली
उस गली में जाइये तो लड़खड़ाते जाइये

1. वियोग, 2. सामान, 3. सभा, 4. मद्यप-सी आँख।

आप को जब मुझ से शिकवा ही नहीं कोई तो फिर
आग ही दिल में लगानी है लगाते जाइये

आप का मेहमान हूँ मैं आप मेरे मेज़बान
सो मुझे ज़हरे-मुरव्वत[1] तो पिलाते जाइये

है सरे-शब[2] और मिरे घर में नहीं कोई चिराग़
आग तो इस घर में जानाना लगाते जाइये

---

1. शील संकोच का विष, 2. रात्रि का प्रारम्भ-काल।

गँवाई किस की तमन्ना में ज़िन्दगी मैंने
वो कौन है जिसे देखा नहीं कभी मैंने

तिरा ख़याल तो है पर तिरा वजूद[1] नहीं
तिरे लिये तो ये महफ़िल सजाई थी मैंने

तिरे अदम[2] को गवारा न था वजूद मिरा
सो अपनी बेख़कनी[3] में कमी न की मैंने

हैं तेरी ज़ात से मंसूब[4] सद फ़साना-ए-इश्क़[5]
और एक सत्र[6] भी अब तक नहीं लिखी मैंने

ख़ुद अपने इश्वा-ओ-अंदाज़[7] का शहीद हूँ मैं
ख़ुद अपनी ज़ात से बरती है बेरुख़ी मैंने

ख़राशे-नग़मा[8] से सीना छिला हुआ है मिरा
फ़ुग़ां[9] कि तर्क[10] न की नग़मापरवरी[11] मैंने

दवा से फ़ायदा मक़्सूद[12] था ही कब कि फ़क़त
दवा के शौक़ में सेहत तबाह की मैंने

---

1. अस्तित्व, 2. परलोक, 3. उन्मूलन, 4. सम्बन्धित, 5. प्रेम की सौ कहानियाँ, 6. पंक्ति, 7. हाव-भाव और ढंग, 8. नग़्मे की ख़राश, 9. अर्त्तनाद, 10. छोड़ना, 11. नग़्मे का पोषण, 12. अभीष्ट।

सरूरे-मै[1] पे भी ग़ालिब रहा शऊर मिरा
कि हर रिआयते-ग़म[2] ज़हन में रखी मैंने

ग़मे-शऊर[3] कोई दम तो मुझ को मुहलत दे
तमाम उम्र जलाया है अपना जी मैंने

इलाज ये है कि मजबूर कर दिया जाऊँ
वगर्ना यूँ तो किसी की नहीं सुनी मैंने

1. शराब का हल्का नशा, 2. चेतना, 3. चेतना का दुख।

हवास[1] में तो न थे फिर भी क्या न कर आये
कि दार[2] पर गये हम और फिर उतर आये

अजीब हाल के मजनूं थे जो ब इश्वा -ओ- नाज़[3]
ब सू-ए-बाद ये महमल[4] में बैठ कर आये

कभी गये थे मियाँ जो ख़बर में सहरा की
वो आये भी तो बगूलों के साथ घर आये

कोई जुनूं[5] नहीं सौदाइयाने-सहरा[6] को
कि जो अज़ाब[7] भी आये वो शहर पर आये

बताओ दामे-गिरव[8] चाहिए तुम्हें अब क्या
परिंदगाने-हवा[9] ख़ाक पर उतर आये

अजब ख़ुलूस[10] से रुख़सत किया गया हम को
ख़याले-ख़ाम[11] का तावान[12] था सो भर आये

---

1. चेतना, 2. सूली, फाँसी, 3. घमण्ड और गर्व के हावभाव, 4. ऊँट पर बैठने का कजावा, 5. उन्माद, 6. रेगिस्तान के दीवाने, 7. तकलीफ़, 8. रहन के बदले, 9. हवा में उड़ने वाले पक्षी, 10. निश्छलता, 11. वहम, 12. क्षतिपूर्ति।

शम्शीर[1] मेरी, मेरी सिपर[2] किस के पास है
वो मेरा ख़ुद, पर, मिरा सर किस के पास है

दरपेश[3] एक काम है हिम्मत का साथियो !
कसना है मुझ को, मेरी कमर किस के पास है

तारी[4] हो मुझ पे कौन-सी हालत मुझे बताओ
मेरा हिसाबे-नफ़अ-ओ-ज़रर[5] किस के पास है

ऐ अहले-शह्र मैं तो दुआगो-ए-शह्र[6] हूँ
लब पर मिरे दुआ है, असर किस के पास है

दादो-सितद[7] के शह्र में होने को आयी शाम
ख़्वाहिश है मेरे पास, ख़बर किस के पास है

पुर हाल हूँ, पे सूरते-अहवाल कुछ नहीं
हैरत है मेरे पास, नज़र किस के पास है

इक आफ़्ताब[8] है मिरी जेबे-निगाह में
पहनाई-ए-नमूदे-सह्र[9] किस के पास है

---

1. तलवार, 2. ढाल, 3. सामने, 4. छाई हुई, 5. लाभ-हानि का हिसाब, 6. शहर के लिए प्रार्थना करने वाला, 7. परस्पर लेन-देन, 8. सूरज, 9. सुब्ह के प्राकट्य का विस्तार।

मेहमाने-क़स्त्र[1] हैं हमें कुछ रम्ज़[2] चाहिए
ये पूछ के बताओ खण्डर[3] किस के पास है

उथला-सा नाफ़[4] प्याला हमारी नहीं तलाश
ऐ लड़कियो ! बताओ भँवर किस के पास है

नाख़ून बढ़े हुए हैं मिरे, मुझ से कर हज़र[5]
ये जा के देख नेलकटर किस के पास है

---

1. महल के आगन्तुक, 2. रहस्य, 3. उर्दू में खण्डहर, खण्डर होता है, 4. नाभि, 5. बचाव।

ग़म हाय रोज़गार[1] में उलझा हुआ हूँ मैं
इस पर सितम ये है उसे याद आ रहा हूँ मैं

हाँ उस के नाम मैंने कोई ख़त नहीं लिखा
क्या उस को ये लिखूँ कि लहू थूकता हूँ मैं

ऐ ज़िन्दगी बता कि सरे-जादा-ए-शबाब[2]
ये कौन खो गया है किसे ढूँढ़ता हूँ मैं

ऐ वहशतो ! मुझे उसी वादी में ले चलो
ये कौन लोग हैं ये कहाँ आ गया हूँ मैं

मैंने ग़मे-हयात[3] में तुझ को भुला दिया
हुस्ने-वफ़ा शिआर[4] बहुत बेवफ़ा हूँ मैं

मासूम किस क़दर था मैं आग़ाज़े-इश्क़[5] में
अक्सर तो उस के सामने शर्मा गया हूँ मैं

वो अहले-शह्र[6] कौन थे वो शह्र था कहाँ
इन अहले-शह्र में से हूँ इस शह्र का हूँ मैं

1. सांसारिक दुःखों, 2. सौन्दर्य मार्ग के किनारे, 3. जीवन के दुःख, 4. निर्वाह करने की खूबी, 5. प्रेम के आरम्भ में, 6. शह्र वाले।

उस ने हम को गुमान[1] में रक्खा
और फिर कम ही ध्यान में रक्खा

क्या क़यामत नुमू[2] थी वो जिस ने
हश्र[3] उस की उठान में रक्खा

जोशिशे-ख़ूं[4] ने अपने फ़न का हिसाब
एक चोब,[5] इक चटान में रक्खा

लम्हे-लम्हे की अपनी थी इक शान
तूने ही एक शान में रक्खा

हम ने पैहम[6] क़ुबूलो-रद[7] कर के
उस को इक इम्तिहान में रक्खा

तुम तो उस याद की अमान में हो
उस को किस की अमान में रक्खा

अपना रिश्ता ज़मीं से ही रक्खो
कुछ नहीं आस्मान में रक्खा

---

1. भ्रम, 2. उलट-पुलट बढ़ाने वाली, 3. हंगामा, 4. रक्त का उफान, 5. लकड़ी, 6. निरन्तर, 7. स्वीकार और अस्वीकार।

ایلیا جونؔ کچھ نہیں کرتا
صرف خوش بُو میں رنگ بھرتا ہے

جونؔ ایلیا

ख़ूब है शौक़ का ये पहलू भी
मैं भी बर्बाद हो गया तू भी

हुस्ने-मग़मूम,[1] तम्कनत[2] में तिरी
फ़र्क आया न यकसरे-मू[3] भी

ये न सोचा था ज़ेरे-साया-ए-ज़ुल्फ़
कि बिछड़ जाएगी ये ख़ुशबू भी

हुस्न कहता था, छेड़ने वाले
छेड़ना ही तू बस नहीं छू भी

हाय वो उस का मौजखेज़[4] बदन
मैं तो प्यासा रहा लबे-जू[5] भी

याद आते हैं मौजज़े[6] अपने
और उस के बदन का जादू भी

यास्मीं! उस की ख़ास महरमे-राज़[7]
याद आया करेगी अब तू भी

---

1. उदास सौन्दर्य-प्रेयसी, 2. तड़क-भड़क, अभिमान, 3. रोम बराबर, 4. लहरें मारने वाला, 5. नदी किनारे, 6. चमत्कार, 7. भेद जानने वाला, मर्मज्ञ।

याद से उस की है मिरा परहेज़
ऐ सबा अब न आइयो तू भी

हैं यही जॉन एलिया जो कभी
सख़्त मग़रूर भी थे बदख़ू[1] भी

1. बुरे, रुखे स्वभाव वाला।

यहाँ तो कोई मनचला ही नहीं
कि जैसे ये शह्‌रे-बला ही नहीं

तिरे हस्रती[1] के है दिल पर ये दाग़[2]
कोई अब तिरा मुब्तला[3] ही नहीं

हुई उस गली में फ़जीहत[4] बहुत
मगर मैं वहाँ से टला ही नहीं

निकल चल कभी आप से जाने-जां
तिरे दिल में तो वलवला[5] ही नहीं

दमे-आख़िरे-शब[6] जो बिछड़े तो बस
पता फिर किसी का चला ही नहीं

क़यामत थी उस के शिकम[7] की शिकन[8]
कोई बस मिरा फिर चला ही नहीं

उसे ख़ून से अपने सींचा मगर
तमन्ना[9] का पौदा फला ही नहीं

---

1. अभिलाषी, 2. दुःख, 3. आसक्त, 4. अपमान, 5. आत्मविस्मृति, 6. रात के अन्तिम प्रहर में, 7. पेट, 8. बल, झुर्री, सिलवट, 9. आकांक्षा।

कहाँ जा के दुनिया को डालूँ भला
इधर तो कोई मज़्बला[1] ही नहीं

इक अंबोहे-ख़ूनीं दिलां[2] है मगर
किसी में कोई हौसला ही नहीं

1. कूड़ा डालने का स्थान, 2. दिल के ख़ून हुए लोगों की भीड़।

करता है हा-हू मुझ में
कौन है बेक़ाबू मुझ में

यादें हैं या बलवा है
चलते हैं चाक़ू मुझ में

ले डूबी जो नाव मुझे
था उस का चप्पू मुझ में

जाने किन के चेहरे हैं
बेचश्मो-अबरू[1] मुझ में

हैं ये किस के तेग़ो-अलम[2]
बेदस्तो-बाज़ू[3] मुझ में

जाने किस की आँखों से
बहते हैं आँसू मुझ में

ढूँढ़ती है इक आहू[4] को
इक मादा आहू मुझ में

---

1. बिना आँखों और भौहों के, 2. तलवार और झण्डा, 3. बिना हाथ और बाज़ू के, 4. हिरण।

मैं तो एक जहन्नुम हूँ
क्यूँ रहता है तू मुझ में

'जॉन' कहीं मौजूद नहीं
मेरा हमपहलू मुझ में

अब भी बहारां मुज़्दा[1] है
एक ख़िजां ख़ुशबू[2] मुझ में

---

1. बहारें शुभ-सन्देश, 2. पतझड़ की ख़ुशबू।

कोई भी क्यूँ मुझ से शर्मिन्दा हुआ
मैं हूँ अपने तौर का हारा हुआ

दिल में है मेरे कई चेह्‌रों की याद
जानिये मैं किस से हूँ रूठा हुआ

शह्‌र में आया हूँ अपने आज शाम
इक सराय में हूँ मैं ठहरा हुआ

बेतअल्लुक़[1] हूँ अब अपने दिल से भी
मैं अजीब आलम[2] में बेदुनिया हुआ

है अजब इक तीरगी-दर-तीरगी[3]
कहकशानों में हूँ मैं लिपटा हुआ

माल बाज़ारे-ज़मीं[4] का था मैं 'जॉन'
आस्मानों में मिरा सौदा हुआ

अब है मेरा कर्बे-ज़ात[5] आसां बहुत
अब तो मैं उस को भी हूँ भूला हुआ

1. जिसे कोई लगाव न हो, 2. स्थिति, 3. घनघोर अँधेरा, 4. सार्वजनिक ज़मीन, 5. अस्मिता का दुख।

तुम से भी अब तो जा चुका हूँ मैं
दूर हा दूर[1] आ चुका हूँ मैं

ये बहुत ग़म की बात हो शायद
अब तो ग़म भी गँवा चुका हूँ मैं

इस गुमाने-गुमां के आलम में
आख़िरश क्या भुला चुका हूँ मैं

अब बबर शेर इश्तिहा[2] है मिरी
शाइरों को तो खा चुका हूँ मैं

मैं हूँ मेमार[3] पर ये बतला दूँ
शह्र के शह्र ढा चुका हूँ मैं

हाल है इक अजब फ़राग़त[4] का
अपना हर ग़म मना चुका हूँ मैं

लोग कहते हैं मैंने जोग लिया
और धूनी रमा चुका हूँ मैं

नहीं इमला[5] दुरुस्त[6] ग़ालिब का
शेफ़्ता[7] को बता चुका हूँ मैं

---

1. बहुत दूर, 2. क्षुधा, भूख, 3. इमारत बनाने वाला, 4. मुक्ति, सन्तोष, 5. वर्तनी, 6. शुद्ध, 7. उर्दू के एक शाइर का उपनाम जो समकालीन और शिष्य थे।

कौन से शौक़[1] किस हवस[2] का नहीं
दिल मिरी जान तेरे बस का नहीं

राह तुम कारवाँ कि लो कि मुझे
शौक़ कुछ नग़्म-ए-जरस[3] का नहीं

हाँ मिरा वो मुआमला[4] है कि अब
काम याराने-नुक्तारस[5] का नहीं

हम कहाँ से चले हैं और कहाँ
कोई अन्दाज़ा पेशो-पस[6] का नहीं

हो गयी इस गिले में उम्र तमाम
पास[7] शोले को ख़ारो-ख़स[8] का नहीं

मुझ को ख़ुद से जुदा न होने दो
बात ये है मैं अपने बस का नहीं

क्या लड़ाई भला कि हम में से
कोई भी सैकड़ों बरस का नहीं

---

1. अभिलाषा, 2. लालच, 3.यात्रियों की ख़ानगी के समय बजाये जाने वाले घंटे की आवाज़, 4. सम्बन्ध, 5. कला-मर्मज्ञ दोस्तों, 6. आगे-पीछे, 7. लिहाज़, 8. कूड़ा-करकट।

क्या ये आफ़त[1] नहीं अज़ाब[2] नहीं
दिल की हालत बहुत ख़राब नहीं

बूद[3] पल-पल की बेहिसाबी है
कि मुहासिब[4] नहीं हिसाब नहीं

ख़ूब गाओ बजाओ और पियो
इन दिनों शह्र में जनाब नहीं

सब भटकते हैं अपनी गलियों में
ता-ब-ख़ुद[5] कोई बारयाब[6] नहीं

तू ही मेरा सवाल[7] अज़ल[8] से है
और साजन तिरा जवाब नहीं

तुझ को दिल-दर्द का नहीं अहसास
सो मिरी पिंडलियों को दाब नहीं

नहीं जुड़ता ख़याल को भी ख़याल
ख़्वाब में भी तो कोई ख़्वाब नहीं

---

1. विपत्ति, 2. दु:ख, 3. अस्तित्व, 4. हिसाब करने वाला, 5. स्वयं तक, 6. पहुँचा हुआ, 7. आकांक्षा, 8. अनादिकाल।

ऐ सुब्ह! मैं अब कहाँ रहा हूँ
ख़्वाबों में ही सर्फ़[1] हो चुका हूँ

सब मेरे बग़ैर मुत्मइन[2] हैं
मैं सब के बग़ैर जी रहा हूँ

क्या है जो बदल गयी है दुनिया
मैं भी तो बहुत बदल गया हूँ

गो अपने हज़ार नाम रख लूँ
पर अपने सिवा मैं और क्या हूँ

मैं जुर्म का एतराफ़[3] कर के
कुछ और है जो छुपा रहा हूँ

मैं और फ़क़त उसी की ख़्वाहिश
अख़्लाक़[4] में झूठ बोलता हूँ

इक शख़्स जो मुझ से वक़्त ले कर
आज आ न सका तो ख़ुश हुआ हूँ

हर शख़्स से बेनियाज़[5] हो जा
फिर सब से ये कह कि मैं ख़ुदा हूँ

---

1. ख़र्च, 2. आनन्दपूर्वक, 3. अंगीकार, स्वीकार, 4. शिष्टाचारवश, 5. निःस्पृह।

चर्के[1] तो तुझे दिये हैं मैंने
पर ख़ून भी मैं ही थूकता हूँ

रोया हूँ मैं अपने दोस्तों में
पर तुझ से तो हँस के ही मिला हूँ

ऐ शख़्स ! मैं तेरी जुस्तजू[2] से
बेज़ार[3] नहीं हूँ, थक गया हूँ

मैं शामो-सह्र[4] का नग़्मागर[5] था
अब थक के कराहने लगा हूँ

कल पर ही रखो वफ़ा की बातें
मैं आज बहुत बुझा हुआ हूँ

---

1. कष्ट देना, 2. तलाश, 3. ऊब जाना, 4. सुब्ह और शाम, 5. गायक।

तुम्हारा हिज्र मना लूँ अगर इजाज़त हो
मैं दिल किसी से लगा लूँ अगर इजाज़त हो

तुम्हारे बाद भला क्या हैं वादा-ओ-पैमां[1]
बस अपना वक़्त गँवा लूँ अगर इजाज़त हो

तुम्हारे हिज्र की शब-हाए-कार में जानां[2]
कोई चिराग़ जला लूँ अगर इजाज़त हो

जुनूँ[3] वही है, वही मैं, मगर है शहर नया
यहाँ भी शोर मचा लूँ अगर इजाज़त हो

किसे है ख़्वाहिशे-मरहमगिरी[4] मगर फिर भी
मैं अपने ज़ख़्म दिखा लूँ अगर इजाज़त हो

तुम्हारी याद में जीने की आरज़ू है अभी
कुछ अपना हाल सँभालूँ अगर इजाज़त हो

---

1. प्रेम प्रतिज्ञा, 2. प्रेमिका के वियोग रात्रि में क़ाम, 3. उन्माद, 4. मरहम लगाने की इच्छा।

अपने सब यार काम कर रहे हैं
और हम हैं कि नाम कर रहे हैं

तेग़ बारी[1] का शौक़ अपनी जगह
आप तो क़त्ले-आम[2] कर रहे हैं

दादो-तहसीन[3] का ये शोर है क्यूँ
हम तो ख़ुद से कलाम[4] कर रहे हैं

हम हैं मसरूफ़े-इन्तज़ाम[5] मगर
जाने क्या इन्तज़ाम कर रहे हैं

है वो बेचारगी का हाल कि हम
हर किसी को सलाम कर रहे हैं

इक क़ताला[6] चाहिए हम को
हम ये ऐलाने-आम[7] कर रहे हैं

क्या भला साग़रे-सिफ़ाल[8] कि हम
नाफ़[9] प्याले को जाम कर रहे हैं

---

1. तलवार पैदा करना, 2. सभी का वध, 3. प्रशंसा, 4. बातचीत, 5. प्रबन्ध करने में व्यस्त, 6. वध करने वाला, प्रेयसी, 7. सर्वसाधारण में घोषणा, 8. मिट्टी का मदिरा पात्र, 9. नाभि।

हम तो आये थे अर्ज़े-मतलब[1] को
और वो अहतिराम कर रहे हैं

न उठे आह का धुआँ भी कि वो
कू-ए-दिल[2] में ख़िराम कर रहे हैं

उस के होंठों पे रख के होंठ अपने
बात ही हम तमाम[3] कर रहे हैं

हम अजब हैं कि उस के कूचे में
बेसबब धूमधाम कर रहे हैं

---

1. आशय की प्रार्थना, 2. दिल की गली, 3. समाप्त।

महक उट्ठा है आँगन इस ख़बर से
वो ख़ुशबू लौट आयी है सफ़र से

जुदाई ने उसे देखा सरे-बाम[1]
दरीचे पर शफ़क़[2] के रंग बरसे

मैं इस दीवार पर चढ़ तो गया था
उतारे कौन अब दीवार पर से

गिला है इक गली से शह्रे-दिल की
मैं लड़ता फिर रहा हूँ शह्र भर से

उसे देखे ज़माने भर का ये चाँद
हमारी चाँदनी साये को तरसे

मिरे मानिंद[3] गुज़रा कर मिरी जां
कभी तो ख़ुद भी अपनी रहगुज़र[4] से

---

1. छत पर, 2. लालिमा, 3. तरह, 4. मार्ग।

कब उस का विसाल[1] चाहिए था
बस एक ख़याल चाहिए था

कब दिल को जवाब से ग़रज़ थी
होंठों को सवाल चाहिए था

शौक़[2] एक नक़्श[3] था और वफ़ा को
पासे-महो-साल[4] चाहिए था

एक चेहरा-ए-सादा था जो हम को
बेमिस्लो-मिसाल चाहिए था

इक कुर्ब[5] में ज़ातो-ज़िन्दगी हैं
मुम्किन[6] को मुहाल[7] चाहिए था

मैं क्या हूँ बस इक मलाले-माज़ी[8]
उस शख़्स को हाल[9] चाहिए था

हम तुम जो बिछड़ गये हैं हम को
कुछ दिन तो मलाल चाहिए था

---

1. मिलाप, 2. रुचि, प्रेम, 3. चिन्ह, 4. महीने और साल का लिहाज, 5. व्याकुलता, 6. सम्भव, 7. असम्भव, 8. अतीत का दुख, 9. वर्तमान।

हम को सौदा[1] था सर के मान में थे
पाँव फिसला तो आस्मान में थे

है निदामत लहू न रोया दिल
ज़ख़्म दिल के किसी चटान में थे

मेरे कितने ही नाम और हमनाम
मेरे और मेरे दर्मियान में थे

मेरा ख़ुद पर से एतबार उठा
कितने वादे मिरी उठान में थे

यादे-अय्याम[2] इक ज़माने में
हम किसी याद की अमान[3] में थे

थे अजब ध्यान के दरो-दीवार
गिरते-गिरते भी अपने ध्यान में थे

वाह उन बस्तियों के सन्नाटे
सब क़सीदे[4] हमारी शान में थे

आस्मानों में गिर पड़े यानी
हम ज़मीं की तरफ़ उड़ान में थे

---

1. उन्माद, 2. बीते दिनों की स्मृति, 3. संरक्षण, 4. प्रशंसा गीत।

जुनूँ[1] करें हवसे-नंगो-नाम[2] के न रहें
मगर न यूँ हो कि हम अपने काम के न रहें

ज़बां है उस की रफ़ाक़त[3] कि उस के दोश-ब-दोश[4]
चलें तो मंज़रे-हुस्ने-ख़िराम[5] के न रहें

कहाँ है वस्ल[6] से बढ़ कर कोई अता[7] लेकिन
ये ख़ूब है कि पयामो-सलाम[8] के न रहें

नसीब हो कोई दम[9] वो मुआशे-हाल कि हम
हिसाबे-सिल्सिला-ए-सुब्हो-शाम[10] के न रहें

ये बात भी है कि लम्हों के लोग जाए कहाँ
अगर फ़रेबे-बक़ा-ए-दवाम[11] के न रहें

ख़ुदा नहीं है तो क्या हक़ को छोड़ दें ऐ शेख़!
ग़ज़ब ख़ुदा का हम अपने इमाम के न रहें

---

1. उन्माद, 2. मर्यादा की लालसा, 3. मित्रता, 4. कन्धे से कन्धा मिलाकर, 5. मृदुल चाल के सौन्दर्य का दृश्य, 6. मिलन, 7. प्रदान, 8. दूसरे के द्वारा दो व्यक्तियों की बातचीत, 9. पल, 10. रात-दिन की श्रृंखला का हिसाब, 11. अनश्वरता का धोखा।

जुज़ गुमां[1] और था ही क्या मेरा
फ़कत इक मेरा नाम था मेरा

निकहते-पैरहन[2] से उस गुल की
सिल्सिला बेसबा[3] रहा मेरा

मुझ को ख़्वाहिश ही ढूँढ़ने की न थी
मुझ में खोया रहा ख़ुदा मेरा

थूक दे ख़ून जान ले वो अगर
आलमे-तर्के-मुददआ[4] मेरा

जब तुझे मेरी चाह थी जानां !
बस वही वक़्त था कड़ा मेरा

कोई मुझ तक पहुँच नहीं पाता
इतना आसान है पता मेरा

आ चुका पेश वो मुरव्वत[5] से
अब चलूँ काम हो चुका मेरा

आज मैं ख़ुद से हो गया मायूस
आज इक यार मर गया मेरा

---

1. वहम के सिवाय, 2. परिधान की ख़ुशबू, 3. हवा के बिना, 4. आशय छोड़ने की स्थिति, 5. लिहाज़।

ठैरूँ[1] न गली में तिरी वहशत[2] ने कहा था
मैं हद से गुज़र जाऊँ मुहब्बत ने कहा था

दर तक तिरे लाई थी नसीमे-नफ़स अंगेज़[3]
दम भर न रुकूँ ये तिरी निकहत[4] ने कहा था

अहसान किसी सर्व[5] के साये का न लूँ मैं
मुझ से ये तिरे फ़ित्ना-ए-क़ामत[6] ने कहा था

मारा हूँ मशीय्यत[7] का नहीं कुछ मिरी मर्ज़ी
ये भी तिरी क़ामत की क़यामत ने कहा था

दिल शह्र से कर जाऊँ सफ़र मैं सू-ए-दुनिया[8]
मुझ से तो यही तेरी सहूलत[9] ने कहा था

---

1. ठहरुँ, 2. पागलपन, 3. प्राणदायी, 4. महक, 5. एक पेड़ का नाम जिससे शाइरी में प्रेयसी के क़द की उपमा दी जाती है, 6. उपद्रव करने वाले डील, लम्बे क़द 7. ईश्वरेच्छा, 8. संसार की तरफ़, 9. सुगमता।

तिश्नगी[1] ने सराब[2] ही लिक्खा
ख़्वाब देखा था ख़्वाब ही लिक्खा

हम ने लिक्खा निसाबे-तीराशबी[3]
और ब सद[4] आबो-ताब[5] ही लिक्खा

न रखा हम ने बेशो-कम[6] का ख़याल
शौक़[7] को बेहिसाब ही लिक्खा

दोस्तो ! हम ने अपना हाल उसे
जब भी लिक्खा ख़राब ही लिक्खा

न लिखा उस ने कोई भी मक्तूब[8]
फिर भी हम ने जवाब ही लिक्खा

हम ने इस शह्‌रे-दीनो-दौलत[9] में
मस्ख़रों[10] को जनाब ही लिक्खा

---

1. प्यास, 2. मृगतृष्णा, 3. अँधेरी रात का पाठ्यक्रम, 4. सैकड़ों बार, 5. चमक-दमक, 6. थोड़ा-बहुत, 7. अभिरुचि, 8. पत्र, 9. धर्म और धन के नगर में, 10. विदूषकों।

सारे रिश्ते भुलाये जायेंगे
अब तो ग़म भी गँवाये जायेंगे

जानिये किस क़दर बचेगा वो
उस से जब हम घटाये जायेंगे

उस को होगी बड़ी पशेमानी[1]
अब जो हम आज़माये जायेंगे

'जॉन' यूँ है कि आज के मूसा
आग बस आग लाये जायेंगे

क्या ग़रज़ दौरे-जाम से हम को
हम तो शीशे चबाये जायेंगे

मेरी उम्मीद को बजा कह कर
सब मिरा दुख बढ़ाये जायेंगे

कम-से-कम तुझ गली में जानाना
धूम तो हम मचाये जायेंगे

ज़ख़्म पहले के अब मुफ़ीद[2] नहीं
अब नये ज़ख़्म खाये जायेंगे

---

1. शर्मिन्दगी, 2. लाभकारी।

वो ख़ुदा हो कि आदमो-इबलीस[1]
सब के सब आज़माये जायेंगे

शाख़सारो![2] तुम्हारे सारे परिंद
इक नफ़स[3] में उड़ाये जायेंगे

हम जो अब तक कभी न पाये गये
किन ज़मानों में पाये जायेंगे

जमअ हम ने किया है ग़म दिल में
उस का अब सूद खाये जायेंगे

शहर् की महफ़िलों में हम और वो
साथ अब क्यूँ बुलाये जायेंगे

आग से खेलना है शौक़ अपना
अब तिरे ख़त जलाये जायेंगे

ये निकम्मे तुम्हारे कूचे के
जाने क्या-कुछ कमाये जायेंगे

है हमारी रसाई[4] अपने में
हम ख़ुद अपने में आये जायेंगे

हम न हो कर भी शहरे-बूदिश[5] में
आये जायेंगे, जाये जायेंगे

---

1. आदमी और शैतान, 2. टहनियों, 3. साँस, 4. पहुँच, 5. अस्तित्व के नगर में।

मुझ से कहता था कल ये शाहे-बलूत[1]
सारे साये जलाये जायेंगे

होगा जिस दिन फ़ना[2] से अपना विसाल[3]
हम निहायत सजाये जायेंगे

1. ओक, बाँज, पहाड़ी पेड़, 2. मृत्यु, 3. मिलन।

ईज़ादेही[1] की दाद[2] जो पाता रहा हूँ मैं
हर नाज़ आफ़रीं को सताता रहा हूँ मैं

ऐ ख़ुशख़िराम ![3] पाँव के छाले तो गिन ज़रा
तुझ को कहाँ-कहाँ न फिराता रहा हूँ मैं

तुझ को ख़बर नहीं कि तिरा हाल देख कर
अक्सर तिरा मज़ाक़ उड़ाता रहा हूँ मैं

जिस दिन से एतमाद[4] में आया तिरा शबाब[5]
उस दिन से तुझ पे ज़ुल्म ही ढाता रहा हूँ मैं

बेदार कर के तेरे बदन की ख़ुद आगही[6]
तेरे बदन की उम्र घटाता रहा हूँ मैं

इक सत्र[7] भी कभी न लिखी मैंने तेरे नाम
पागल तुझी को याद भी आता रहा हूँ मैं

शायद मुझे किसी से मुहब्बत नहीं हुई
लेकिन यक़ीन सब को दिलाता रहा हूँ मैं

इक हुस्ने-बेमिसाल[8] की तम्सील[9] के लिये
परछाइयों पे रंग गिराता रहा हूँ मैं

---

1. दुःख पहुँचाना, 2. प्रशंसा, 3. सुगामिनी, 4. विश्वास, 5. तारुण्य, 6. स्वविवेक, 7. पंक्ति, 8. अनुपम सौन्दर्य 9. उपमा।

अपना मिसालिया[1] मुझे अब तक न मिल सका
ज़र्रों को आफ़्ताब[2] बनाता रहा हूँ मैं

क्या मिल गया ज़मीरे-हुनर[3] बेच कर मुझे
इतना कि सिर्फ़ काम चलाता रहा हूँ मैं

कल दोपहर अजीब-सी इक बेदिली रही
बस तीलियाँ जला के बुझाता रहा हूँ मैं

---

1. उदाहरण स्वरुप, 2. सूर्य, 3. कला की आत्मा।

हू का आलम[1] है यहाँ नालागरों[2] के होते
शह्र ख़ामोश है शोरीदासरों[3] के होते

क्यूँ शिकस्ता है तिरा रंग मता-ए-सदरंग[4]
और फिर अपने ही ख़ूनीं जिगरों के होते

कारे-फ़रियादो-फ़ुग़ां[5] किसलिये मौक़ूफ़[6] हुआ
तेरे कूचे में तिरे बा-हुनरों के होते

क्या दिवानों ने तिरे कूच है बस्ती से किया
वरना सुनसान हों राहें निघरों के होते

जुज़ सज़ा[7] और हो शायद कोई मक़्सूद[8] उन का
जा के ज़िंदां[9] में जो रहते हैं घरों के होते

शह्र का काम हुआ फ़र्ते-हिफ़ाज़त[10] से तमाम
और छलनी हुए सीने सिपरों[11] के होते

अपने सौदाज़दगां[12] से ये कहा है उस ने
चल के अब आइयो पैरों पे सरों के होते

अब जो रिश्तों में बँधा हूँ तो खुला है मुझ पर
कब परिंद उड़ नहीं पाते हैं परों के होते

---

1. निर्जन स्थान जैसा सूनापन, 2. आर्तनाद करने वालों, 3. दीवाने, 4. सैकड़ों रंगों की पूँजी वाला, 5. आर्तनाद और दुहाई का कार्य, 6. स्थगित, 7. सज़ा के अतिरिक्त, 8. आशय, 9. कारागार, 10. अत्यधिक सतर्कता, 11. ढालों, 12. प्रेम में पागल होने वालों।

पहनाई[1] का मकान है और दर है गुम यहाँ
राहे-गुरेज़पाई-ए-सरसर[2] है गुम यहाँ

वुसअत[3] कहाँ कि सम्तो-जिहत[4] परवरिश करें
बालीं[5] कहाँ से लायें कि बिस्तर है गुम यहाँ

है ज़ात का वो ज़ख़्म कि जिस का शिगाफ़े-रंग[6]
सीने से दिल तलक है पे ख़ंजर है गुम यहाँ

बस तौर कुछ न पूछ मिरी बूदो-बाश[7] का
दीवारो-दर हैं जेब में और घर है गुम यहाँ

किस शाहराह[8] पर हूँ रवां[9] मैं ब-सद शिताब[10]
अन्दाज़े-पा[11] दुरुस्त है और सर है गुम यहाँ

हैं सफ़्हा-ए-वजूद[12] पे सतरें[13] खिंची हुई
दीवार पढ़ रहा हूँ मगर दर है गुम यहाँ

---

1. विस्तार, 2. पलायन करने के मार्ग, 3. विस्तार, 4. दिशा और आयाम, 5. सिरहाना, 6. रंग की दरार, 7. रहने का स्थान, 8. जनपथ, 9. चलना, 10. शीघ्रातिशीघ्र, 11. चलने का ढंग, 12. अस्तित्व के पृष्ठ पर, 13. लाइनें।

किसी से कोई ख़फा भी नहीं रहा अब तो
गिला करो कि गिला भी नहीं रहा अब तो

वो काहिशें[1] हैं कि ऐशे-जुनूं तो क्या यानी
ग़ुरूरे-ज़ह्ने-रसा[2] भी नहीं रहा अब तो

शिकस्ते-ज़ात[3] का इक़रार[4] और क्या होगा
कि अददआ-ए-वफ़ा[5] भी नहीं रहा अब तो

चुने हुए हैं लबों पर तिरे हज़ार जवाब
शिकायतों का मज़ा भी नहीं रहा अब तो

हूँ मुब्तला-ए-यक़ीं[6], मेरी मुश्किलें मत पूछ
गुमान[7] उक़्दाकुशा[8] भी नहीं रहा अब तो

मिरे वजूद का अब क्या सवाल है यानी
मैं अपने हक़ में बुरा भी नहीं रहा अब तो

यही अतिया-ए-सुब्हे-शबे-विसाल[9] है क्या
कि सह्रे-नाज़ो-अदा[10] भी नहीं रहा अब तो

---

1. क्षीणता, 2. किसी बात को तुरन्त समझ लेने की प्रतिभा का अभिमान, 3. अन्दरुनी हार, 4. स्वीकृति, 5. वफ़ा का दावा, 6. विश्वास ग्रसित, 7. भ्रम, 8. गाँठ खोलने वाला, 9. मिलन-रात्रि की अगली सुबह की भेंट, 10. हाव-भाव का जादू।

यक़ीन कर जो तिरी आरज़ू में था पहले
वो लुत्फ़ तिरे सिवा भी नहीं रहा अब तो

वो सुख वहाँ कि ख़ुदा की हैं बख़्शिशें क्या-क्या
यहाँ ये दुख कि ख़ुदा भी नहीं रहा अब तो

ख़ुद से रिश्ते रहे कहाँ उन के
ग़म तो जाने थे रायगां[1] उन के

मस्त उन को गुमां में रहने दो
ख़ानाबर्बाद[2] हैं गुमां उन के

यार सुख नींद हो नसीब उन को
दुख ये है दुख हैं बेअमां उन के

कितनी सरसब्ज़[3] थी ज़मीं उन की
कितने नीले थे आस्मां उन के

नौहाख़्वानी[4] है क्या ज़रूर उन्हें
उन के नग़मे हैं नौहाख़्वां[5] उन के

1. व्यर्थ, 2. अभागे, 3. उपजाऊ, 4. शोक-विलाप, 5. शोक-विलाप करने वाला।

जब तिरी ख़्वाहिश के बादल छँट गये
हम भी अपने सामने से हट गये

रंगे-सरशारी[1] की थी जिन से रसद
दिल की उन फ़स्लों के जंगल कट गये

इक चिराग़ां है हवस[2] में देर से
जश्न इस का है दिलो-जां बँट गये

शह्रे-दिल और शह्रे-दुनिया अलविदा
हम तो दोनों ही तरफ़ से कट गये

हो गया ख़िरदमंदों को जब
मात खाते ही दीवाने डट गये

चाँद सूरज के अलम और वापसी
वो हुआ मातम कि सीने फट गये

❑❑

1. मदमस्ती का रंग, 2. वासना।